W0024252

Brigitte Pohle
Monika Reiter-Zinnau
Irmgard Schmedding

1x1 kreativ

ACRYL-MALEREI

Dekoratives für die Wand

INHALT

VORWORT

Willkommen im „1 x 1 kreativ Acrylmalerei"! Hier erlernen Sie den Umgang mit Acrylfarben und die wichtigsten Maltechniken. Dabei gehen Sie schrittweise vor: Nach einer Einführung in die Farben und Malgründe üben Sie zunächst die Handhabung des Werkzeugs und lernen dann zahlreiche Techniken des Farbauftrags kennen. Auch der Einsatz von Zusatzmaterialien wie z. B. Strukturpasten wird in diesem ersten Teil des Buches ausführlich erklärt.
Damit Sie das im Workshop Gelernte gleich anwenden können, finden Sie nach den praktischen Workshopkapiteln so genannte Ideeninseln mit ersten Vorschlägen für eigene Arbeiten in Acryl.

Nach der Pflicht kommt die Kür: Wenn Sie den Workshop abgeschlossen haben, sind Sie fit für den Ideenpool. Das ist eine Sammlung von dekorativen und künstlerisch wertvollen Acrylbildern. Das Spektrum reicht vom Stillleben bis zur abstrakten Arbeit. Jede von uns Autorinnen hat einen ganz eigenen Stil und die Anmutung der Bilder ist jeweils verschieden. So ist eine große Themenbreite und stilistische Vielfalt gewährleistet.

Wir wünschen Ihnen viel Spaß beim Erkunden der Maltechniken und ein gutes Gelingen Ihrer eigenen Arbeiten!

Ihr Expertenteam

Monika Reiter

Brigitte Pohle

Toni Schmedding

1
MATERIAL-
KUNDE
2
MOTIV &
VORLAGE
3
GRUND-
LAGEN
4
MAL-
TECHNIKEN
5
STRUKTUR
& COLLAGE
6
BESONDERE
TECHNIKEN
7
FIRNIS &
RAHMUNG

WORKSHOP

Schritt für Schritt lernen

Ob Sie nur mit Acrylfarben arbeiten oder Zusatzmaterialien einsetzen wollen, im Workshop erfahren Sie Schritt für Schritt, wie es geht. Das Motto dabei ist: So viel Theorie wie nötig, so wenig wie möglich. Nach einer kurzen Einführung in die Acrylfarben und Malgründe werden alle wichtigen Maltechniken vorgestellt. Viele Tipps und Tricks erleichtern das Nacharbeiten.

Ideeninseln geben tolle Anregungen

Die praktischen Workshopkapitel werden durch so genannte Ideeninseln abgerundet. Hier lernen Sie die unterschiedlichen Stile der Autorinnen kennen und können den Umgang mit Pinsel, Malmesser, Walze und Schwamm am konkreten Beispiel üben. Auf jeder Ideeninsel kommen nur die bis zu diesem Zeitpunkt erworbenen Kenntnisse zur Anwendung.

Vorlagen als Hilfe und Orientierung

Manche lassen sich durch die gezeigten Arbeiten zu eigenen Bildern inspirieren, andere möchten die Motive genau nacharbeiten und brauchen weitere Hilfestellung. Hier kommen die Vorlagen ins Spiel, die Sie ab Seite 112 finden. Sie sind als Angebot zu verstehen, das Sie annehmen können, wenn Sie dies wünschen. Wir empfehlen Ihnen allerdings, auch frei zu arbeiten, um eine eigene „Handschrift" zu entwickeln.

Die Vorlagen sind verkleinert abgebildet und können mithilfe des angegebenen Kopierfaktors auf Originalgröße vergrößert werden. Im Workshopkapitel „Motiv & Vorlage" erfahren Sie außerdem, wie Sie die Vorlage mithilfe des unterlegten Rasters von Hand vergrößern können.

Hinweis

- Mit Acryl zu malen bedarf einiger Übung. Beginnen Sie mit kleinen Formaten und unkomplizierten Motiven und setzen Sie zunächst nur wenige Farben ein. Aus den Grundfarben können Sie die anderen Farbtöne ermischen. Dadurch bekommen Sie nicht nur ein Gefühl für die Farbe, sondern schonen auch noch Ihr Portemonnaie. Am Anfang ist vor allem wichtig: malen, malen und wieder malen. Sobald Sie mit der Acrylfarbe und Ihrem Werkzeug vertraut sind, können Sie sich an größere und aufwändigere Arbeiten wagen.

1 MATERIAL-KUNDE

Hinweis

- Acrylfarbe ist immer so gut, wie ihr Farbpigment und das Acrylat. Kaufen Sie deshalb nur Markenware. Das strahlende Ergebnis rechtfertigt den möglicherweise etwas höheren Preis.

Acrylfarben gibt es seit etwas mehr als 50 Jahren in immer neuer und verbesserter Form. Heute erhalten Sie hochwertige, strahlende Acrylfarben, deren Handhabung besonders einfach ist. Es ist ein Erlebnis, mit diesen Farben künstlerisch tätig zu werden. Acrylfarben sind mit Wasser verdünnbare Kunststofffarben. Sie bestehen aus brillanten Farbpigmenten und einem hochelastischen, wasserhellen Reinacrylat als Bindemittel. Durch das Trocknen des Wassers aus der Farbe entsteht ein farbloser, sehr beständiger Film, der die hochwertigen Farbpigmente stabilisiert. Die Farbe trocknet sehr zügig in ca. 20 bis 30 Minuten an und ist dann wasserfest, sehr stabil, flexibel, alterungsbeständig und wetterfest. Man kann sie auf alle fettfreien Untergründe auftragen, wie z. B. Leinwand, Papier, Malpappe, Holz, Glas, Mauerwerk, Stein, Kunststoff und Metall. Acrylfarbe ist frostempfindlich und sollte nicht bei unter 10 Grad Celsius verarbeitet werden.
In feuchtem Zustand sind Acrylfarben mit warmem Wasser und evtl. etwas Seife entfernbar. Deshalb sollten Malgeräte in Wasser gereinigt werden, bevor die Farbe getrocknet ist. Angetrocknete Farbe ist sogar mit Benzin oder Terpentin nicht lösbar. Nur mit einer Nitro- oder Universalverdünnung kann der Farbfilm angegriffen werden.

ACRYLFARBEN

Deckende Farbe

Diese Farbe zeichnet sich aus durch viele deckende Farbpigmente. Auf den Tuben oder Flaschen finden Sie ein ausgefülltes Quadrat oder die Buchstaben DD, dd bzw. OO, die für die Bezeichnung „deckend“ oder „opak“ stehen.

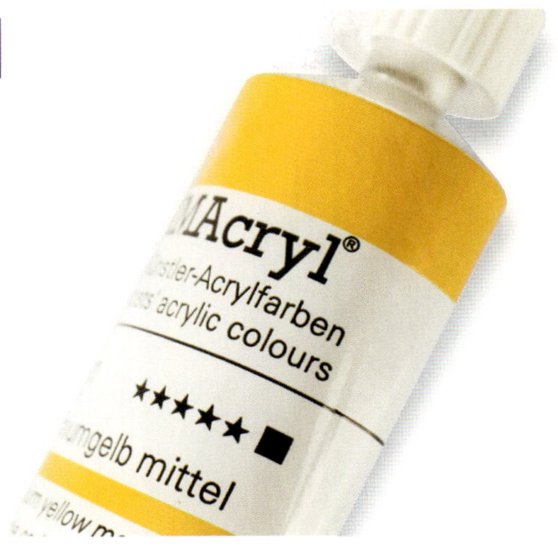

Halbdeckende Farbe

Das halb ausgefüllte Quadrat oder die Buchstaben D, d, O stehen für „halbdeckend“, d. h. weniger deckend als die opake Acrylfarbe.

Lasierende Farbe

Diese Farbe kann mit Pinseln und Spachteln, aber auch mit der Walze aufgetragen werden. Auf der Tube oder Flasche finden Sie ein von einer Diagonale durchschnittenes Quadrat bzw. die Bezeichnungen L, I oder T für „lasierend“ bzw. „transparent“.

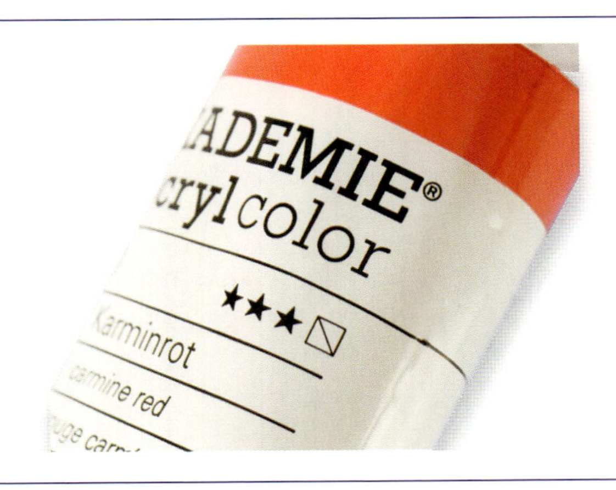

Stark lasierende Farbe

Es empfiehlt sich, unter die durchsichtigen Lasurfarben helle Untergrundfarben zu legen, damit die Lasurfarbe ihre volle Leuchtkraft entfalten kann. Auf den Tuben oder Flaschen finden Sie ein unausgefülltes Quadrat oder die Bezeichnungen LL, II, TT.

Hinweise

- Generell sind alle Acrylfarben untereinander mischbar. Die 1-Pigmentfarben (unvermischte Volltöne) ergeben wegen ihrer Farbtonreinheit die besten Farbmischungen.

- Manchmal gibt es einen Farbton nur als transparenten Ton. Dann muss man ihn mehrere Male übereinander auftragen, um Deckkraft zu erhalten. Deckende Farbtöne werden durch Zugabe von Wasser oder Gel (siehe Seite 27) lasierend.

- Die Lichtechtheit der Acrylfarben ist gut bis sehr gut. Auf den Farbtuben wird die Lichtechtheit durch Sternchen, Kreuze oder Kreise angegeben. Drei Sterne entsprechen auf der internationalen Woll-Photometerskala der höchsten Lichtechtheitsstufe 7–8, zwei Sterne der zweithöchsten Lichtechtheitsstufe 6–7.

- Im Folgenden werden Sie auch auf die Begriffe „pastos“ und „liquid“ stoßen. „Pastos“ bedeutet „dickflüssig“ und „teigartig“. Der Begriff kommt aus der Ölmalerei und steht für dick aufgetragene Farbe, die sogar reliefartige Wirkung haben kann. „Liquid“ (von lat. liquidus) bedeutet „flüssig“. Um zu erreichen, dass Ihre Farbe flüssiger wird, können Sie mit Wasser oder Acrylmalmittel (siehe Seite 21) verdünnen.

Hinweise

- Mischweiß dient zur Aufhellung, ohne die Farbe ins Pastellartige zu verändern. Es ist jedoch nicht deckend.

- Titanweiß kann dunkle Untergründe überdecken. In der Mischung verändert es einen Vollton zum Pastellton.

Mischweiß = heller

Titanweiß = pastellfarbiger

- Acrylfarben sind in beliebig vielen Schichten übermalbar. Dazu sollte der Untergrundfarbton immer ganz durchgetrocknet sein. Die Trocknungszeit lässt sich durch einen Föhn verkürzen. Nur bei Nass-in-Nass-Arbeiten (siehe Seite 29) bleiben die aufgetragenen Farben während der Malphase gleichmäßig feucht.

- Beachten Sie, dass Acrylfarben beim Trocknen etwas heller werden.

- Die Vorlage für die Zitronen finden Sie auf Seite 129.

Mischweiß oder Zinkweiß

Mischweiß hat wenig Deckkraft und kann keine dunklen Untergründe überdecken. Das Weiß kann aber jeden Vollton graduell aufhellen, ohne ihn ins Pastellartige zu verändern.

Titanweiß

Titanweiß ist zum Abdecken gut geeignet. Beachten Sie jedoch, dass bei der Mischung von Titanweiß mit einem Vollton dieser zum Pastellton wird.

Schritt für Schritt erklärt

1 Untergrund vorbereiten

Die Leinwand zweimal mit einer Farbmischung aus Rot und Grün grundieren. Beim zweiten Farbauftrag zum Schluss etwas Titanweiß mit aufnehmen und die Mischung am oberen Rand auftragen, sodass der Untergrund dort etwas heller wird. Mit einem hellen Kreidestift die Vorzeichnung auftragen.

2 Titanweiß auftragen

Die Zitronen mit Titanweiß ausmalen. Der Farbauftrag muss nicht gleichmäßig ausfallen. Es wirkt sogar häufig interessanter, wenn der dunkle Untergrund stellenweise hindurchscheint.

3 Weiterer Farbauftrag

Die Zitronen mit Gelb ausmalen und trocknen lassen. Das Gelb steht leuchtend auf dem deckenden Titanweiß. Anschließend die Zitronen erneut mit Gelb übermalen. Dabei die Farbe mit dem Pinsel auftupfen. Oben noch etwas Weiß hinzugeben. Weiter unten und an der Schattenkante zur zweiten Zitrone wenig Grün hinzumischen. Unten mit verdünnter brauner Farbe Schatten aufmalen.

MALGRÜNDE

Keilrahmen

Keilrahmen sind zumeist aus abgelagertem Kiefernholz hergestellt. Der Holzrahmen ist mit einem Maltuch (Leinwand) bespannt. Die Leinwand liegt nur unmittelbar an der Rahmenkante (ca. 5 mm) auf dem Holz auf. Fertige, mit grundiertem Maltuch bespannte Keilrahmen gibt es in vielen Größen und Formen. Sie erhalten kleine Keilrahmen (ca. 7 cm x 10 cm) ebenso wie große (120 cm x 160 cm) im Fachhandel. Größere Formate können speziell angefertigt werden. Es empfiehlt sich aber, eine größere Form aus zwei oder mehr Keilrahmen zusammenzusetzen. Das ist stabiler. Zumeist wird bei einer Schenkellänge von 60 cm der Rahmen durch einen Mittelsteg stabilisiert. Ab einer Größe von 80 cm x 80 cm weisen alle Keilrahmen ein Stabilisationskreuz auf. Es gibt rechteckige und quadratische Formen, ovale und runde sowie fünfeckige, dreieckige und trapezförmige.

Die Standardtiefe der Rahmen beträgt etwa 1,8 cm. Die so genannten Galerie- oder XL-Rahmen haben sogar eine Tiefe von 3,8 cm bis 10 cm. Das Maltuch ist auf der Rückseite befestigt. Der Maler hat dadurch die Möglichkeit, auch die Seitenflächen mitzugestalten, und braucht keinen extra Rahmen zur Präsentation.

Bezogen sind die fertigen Keilrahmen zumeist mit einem strapazierfähigen Baumwollgewebe mit einer mittelstarken Struktur. Dieses ist mit einer schwach saugenden Universalgrundierung überzogen und eignet sich für alle Acryltechniken.

Möchte man sich einen Keilrahmen selbst bauen und bespannen, sollte man auf Keilrahmenschenkel zurückgreifen, die im Handel in allen Größen angeboten werden. Auch das Maltuch kann man meterweise in vielen Gewebearten kaufen. Es kann z. B. mithilfe einer Spannzange auf den Rahmen gespannt werden. Im Fachhandel sind grundierte Maltuche erhältlich. Man kann aber auch ungrundierte, nicht elastische Gewebe (z. B. Sackleinen oder Strukturstoffe) auf den Rahmen aufspannen und mit Gesso grundieren (siehe Seite 21). Die Appretur sollte zuvor ausgewaschen werden.

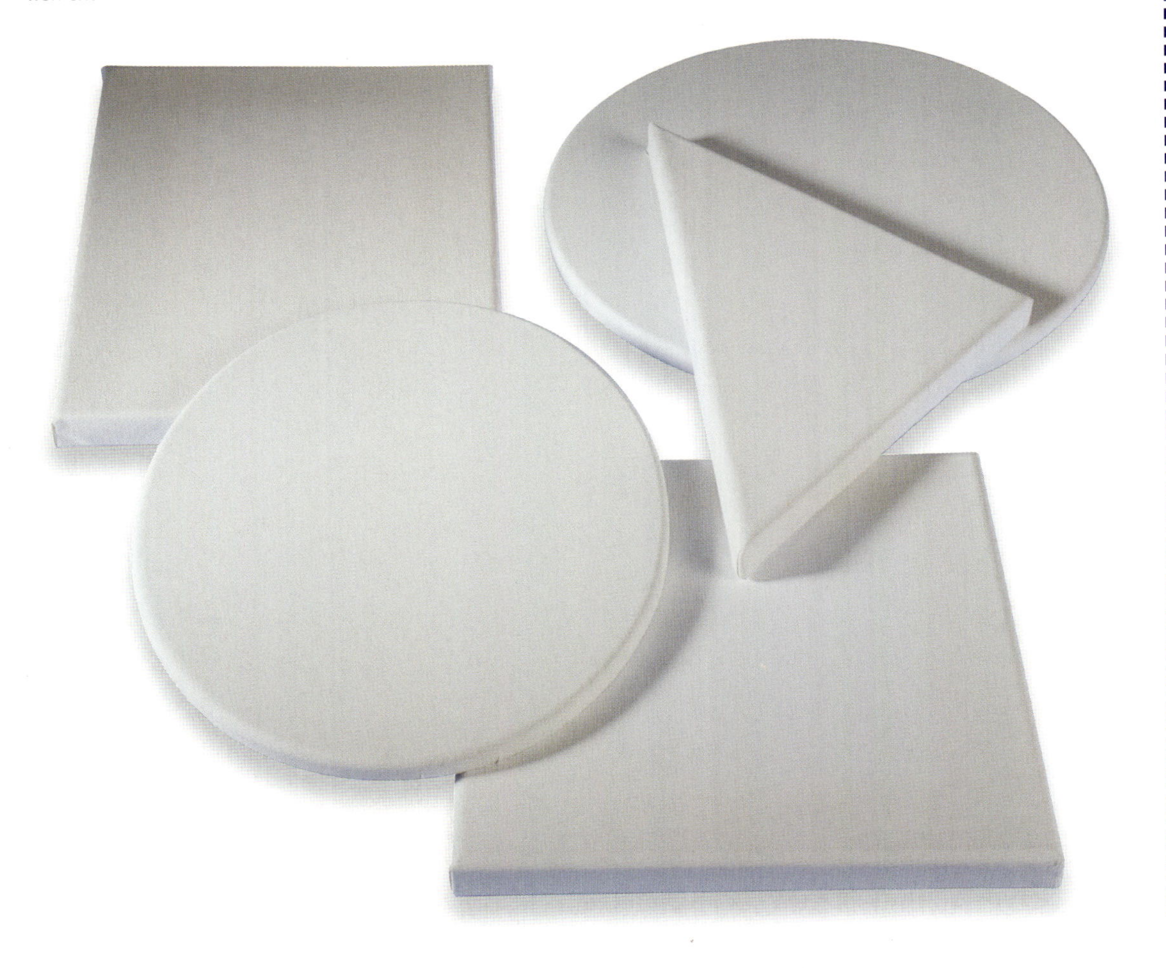

Hinweis

- Drückt man beim Malen sehr kraftvoll auf die Leinwand, kann es sein, dass sich der Keilrahmenschenkel abzeichnet. Um das zu verhindern, schieben Sie einfach ein Stück dicke Pappe hinter die Leinwand.

Fortsetzung „Malgründe"

Fortsetzung „Malgründe"

Keilrahmen selbst bespannen

Um einen Keilrahmen selbst zu bespannen, die vier auf Gehrung gearbeiteten Keilrahmenleisten ineinander stecken und winkelgenau (90 Grad) ausrichten. Die Leinwand etwas größer als den Keilrahmen zuschneiden – je nach Dicke des Schenkels etwa 5 cm bis 12 cm größer. Anschließend die Leinwand mit der grundierten Fläche nach unten auf einen Tisch legen. Den Keilrahmen mit der bearbeiteten Seite nach unten darauf legen. Dabei ist zu beachten, dass die Fäden des Maltuches parallel zum Keilrahmen verlaufen. Nun die Leinwand auf der Rückseite mittig auf dem längsten Schenkel festtackern oder -nageln. Mithilfe einer Spannzange das Maltuch fest zur gegenüberliegenden Seite ziehen und dort ebenfalls festtackern. Auf diese Weise die Leinwand auf allen vier Holzleisten befestigen. Weitere Klammern oder Nägel im Abstand von jeweils 2 cm anbringen und immer abwechselnd die sich gegenüberliegenden Leisten bearbeiten. Die Ecken zuletzt antackern. Hierfür die Leinwand in zwei Spitzen straff über die Ecke ziehen, diese mit Spannung übereinander auf das Holz legen und festtackern.

Tipps & Tricks

- Acrylfarbe haftet auch auf Acrylglas. Eine teilweise bemalte Acrylglasscheibe vor einer farbigen Wand ergibt einen tollen 3D-Effekt.

PROFITIPP

Auskeilen

Den Namen hat der Keilrahmen von den Keilen, die jeweils mitgeliefert werden. Diese steckt man in die dafür vorgesehenen Schlitze hinten am Rahmen. Die längste Keilseite soll dabei an der Holzleiste anliegen. Es kann nach einiger Zeit oder durch übermäßige Beanspruchung beim Malen passieren, dass das Maltuch wellig wird. Treibt man mit dem Hammer die Keile vorsichtig in die Ecken, so öffnet sich der Gehrungsspalt des Rahmens. Der Keilrahmen wird etwas größer und das Maltuch ist wieder straff gespannt.

Holzmaltafeln

Holzmaltafeln sind sehr hochwertige Malgründe. Sie erhalten sie im Fachhandel. Es handelt sich hierbei um verleimtes Schichtholz auf einem Massivholzrahmen. Vor dem Malen sollte die Tafel einmal mit Gesso grundiert werden. Die Holzstruktur kann in die Bildgestaltung miteinbezogen werden.

Holztafeln

Holztafeln aus dem Baumarkt (z. B. Hartfaserplatten) bieten einen guten Untergrund für die Acrylmalerei. Sie sollten jedoch nicht größer als 60 cm x 80 cm sein, sonst werden sie zu schwer. Dann empfiehlt sich der Keilrahmen. Die Tafel sollte mehrfach mit Gesso grundiert werden. Verwenden Sie kein chemisch stark belastetes Holz, denn dies kann dazu führen, dass sich der Gessogrund nach einigen Monaten gelblich verfärbt.

Hinweis

- Experimentieren Sie mit unterschiedlichen Malgründen. Eine Kombination von Keilrahmen in unterschiedlichen Größen und Formen kann sehr wirkungsvoll sein. In diesem Buch finden Sie einige Anregungen für Arbeiten auf Bildträgern in außergewöhnlichen Formen.

Malpappe und Maltuchblock

Die preiswerte Alternative zur Holztafel ist eine Pappe, die mit Maltuch bespannt und mit Gesso grundiert ist. Auch einfache Kartons und Papiere eignen sich als Untergründe. Achten Sie jedoch darauf, dass der Untergrund säurefrei ist, und grundieren Sie den Malgrund jeweils mit Gesso. Bereits grundierte Maltücher erhalten Sie auch in Blockform.

2 MOTIV & VORLAGE

Vor dem Beginn des eigentlichen Malprozesses steht zunächst eine Idee. Jeder, der künstlerisch tätig sein möchte, hat den Wunsch, eine Bildidee umzusetzen, eine Bildvorstellung auf die Leinwand oder einen anderen Untergrund zu bringen. Damit die Idee greifbar und eine Bildumsetzung möglich wird, sollten Sie sich über die Grundkomponenten Ihres späteren Bildes im Klaren sein. Hilfreich für die Bildgestaltung ist es, wenn Sie sich vor dem Malen die folgenden Fragen stellen:

- Wie groß soll mein Bild sein?
- Welches Format soll es haben – ein Quer-, Hoch- oder davon abweichendes Format?
- Soll mein Motiv über mehrere Leinwände gestaltet werden?

Neben diesen Fragen zum Format sollten Sie sich selbst auch die folgenden Fragen zum Bildmotiv beantworten:

- Was ist das Besondere an meinem Motiv?
- Wie kann ich es in Szene setzen?
- Soll das Motiv fern oder nah, klein oder groß sein?
- In welcher Technik möchte ich das Motiv gestalten?

Hinweis

◆ Um sich über die Bildgestaltung klar zu werden, haben Künstler zu allen Zeiten Skizzenbücher geführt. Legen Sie ebenfalls ein Skizzenbuch an, das Sie immer mit sich führen. Hier können Sie Bildideen festhalten und experimentieren im Hinblick auf Format, Komposition etc.

Tipps & Tricks

◆ Bevor Sie auf der großen Leinwand arbeiten, sollten Sie Ihre Bildideen im kleinen Format umsetzen. Schneiden Sie sich Pappe im entsprechend verkleinerten Format zu oder arbeiten Sie zunächst auf Minileinwänden, die Sie im Fachhandel erhalten (siehe Foto rechts).

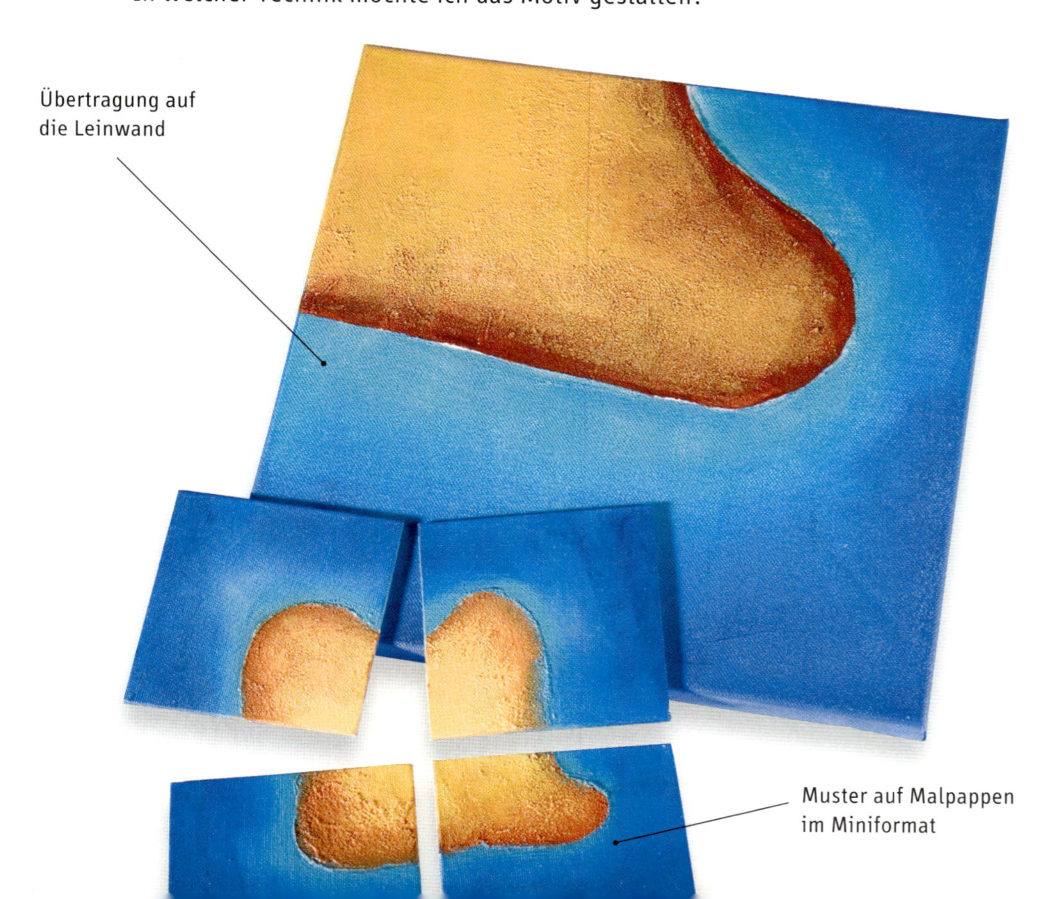

Übertragung auf die Leinwand

Muster auf Malpappen im Miniformat

VORLAGEN VERGRÖSSERN und RASTERMETHODE

Die Vorlagen ab Seite 112 können Sie mithilfe des angegebenen Vergrößerungsfaktors unkompliziert am Kopierer auf die bei den Anleitungen genannten Bildgrößen bringen. Den Vorlagen ist zudem ein Raster unterlegt. Sie haben so die Möglichkeit, ein vergrößertes Raster (das Original-Rastermaß ist jeweils angegeben) auf Ihren Untergrund zu legen und das Motiv Kästchen für Kästchen zu übertragen.

TRANSPARENTPAPIER-Methode

Schritt für Schritt erklärt

Motiv abpausen

1

Haben Sie Ihr Motiv mithilfe eines Kopierers oder der Rastermethode auf die gewünschte Größe gebracht, können Sie Transparentpapier verwenden, um das Motiv auf Ihren Malgrund zu übertragen. Decken Sie das Motiv mit Transparentpapier ab und pausen Sie es mit einem Bleistift ab.

Linien nachziehen

2

Wenden Sie das Transparentpapier und ziehen Sie die Linien mit einem weichen Bleistift grob nach, damit sehr viel Grafit auf den Motivlinien liegt.

Motiv auf Malgrund übertragen

3

Wenden Sie das Transparentpapier erneut, legen Sie es auf Ihren Malgrund und ziehen Sie nun die Linien nochmals nach. Verwenden Sie am besten einen harten Bleistift. So überträgt sich der Grafit auf den Untergrund. Wenn Sie das Transparentpapier abnehmen, zeichnen sich die Motivlinien auf dem Malgrund ab.

Tipps & Tricks

- Zum Vorzeichnen auf der Leinwand eignet sich am besten ein farblich passender Buntstift, der später einfach durch die Farbe abgedeckt werden kann. Bleistift- oder Kohlepapierlinien sollten so hell wie möglich sein, sonst überdeckt sie die folgende Farbe nicht.
- Sie können anstelle von Transparentpapier auch Butterbrotpapier verwenden. Das ist zwar weniger transparent, dafür aber billiger.
- Schnittmusterpapiere erfüllen den gleichen Zweck und haben dazu den Vorteil des größeren Formats.
- Um Rasterlinien zu entfernen, können Sie einen weichen Radiergummi verwenden.

Achtung!

Bei der Verwendung von Kohlepapier treten die Motivlinien meist deutlich hervor und lassen sich nicht mehr entfernen. Die Kohlepapier-Methode sollte bei einer Bildgestaltung in sehr hellen Farbtönen nicht angewandt werden, es sei denn, es wird ausdrücklich gewünscht, dass sich die Konturen unter der Farbe abzeichnen.

Tipps & Tricks

- Wenn Sie Vorlagen mehrfach verwenden möchten, empfiehlt es sich, mit verschiedenfarbigen Buntstiften zu arbeiten. Haben Sie beim ersten Einsatz der Vorlage einen roten Buntstift verwendet und beim zweiten einen grünen, können Sie jeweils genau nachvollziehen, welche Linien Sie bereits nachgezogen haben.

KOHLE-PAPIER-Methode

Durch das Unterlegen von Kohlepapier sparen Sie sich das Einschwärzen bzw. Nachziehen der Linien auf dem Transparentpapier. Legen Sie das Kohlepapier mit der eingeschwärzten Seite nach unten auf den Malgrund. Platzieren Sie darauf das Transparentpapier mit Ihrem Motiv. Befestigen Sie die beiden Papiere leicht mit Klebestreifen auf dem Untergrund, damit sie nicht verrutschen. Wenn Sie die Motivlinien auf dem Transparentpapier nachziehen, überträgt sich das Motiv gleichzeitig auf den Bildgrund.

Übertragen mit SCHABLONEN

Für die Übertragung von Bildern, die sich aus flächigen, geschlossenen Motiven zusammensetzen (z. B. Schattenbilder, Herzen, Früchte), eignet sich eine Schablone. Diese sollte aus dickerem Papier oder Karton hergestellt werden. Übertragen Sie zunächst das Motiv auf Transparentpapier und schneiden Sie es aus. Nun platzieren Sie es auf Ihrem Karton und fahren die Kontur mit einem harten, spitzen Bleistift (HB) nach. Schneiden Sie die Schablone mit einem Cutter auf einer Schneidematte aus Kunststoff oder einer festen Unterlage aus Holz aus. Das ist einfacher, als wenn Sie eine Schere verwenden.

Übertragen mithilfe eines PROJEKTORS

Diaprojektor

Auch mittels eines Projektors können Sie Motive auf Ihren Malgrund übertragen. Wenn Sie beispielsweise im Urlaub Dias gemacht haben, können Sie diese auf den Bildträger projizieren und die großen Umrisse direkt auf die Leinwand zeichnen.

Hinweis

- Haben Sie ein Lieblingsdia aus Ihrem letzten Urlaub? Dann sollten Sie einmal versuchen, das Motiv bildnerisch umzusetzen. Beim Übertragen des Motivs auf die Leinwand leistet ein Diaprojektor Hilfestellung.

Tipps & Tricks

- Stellen Sie den Diaprojektor mit entsprechendem Abstand zum Keilrahmen auf ein höhenverstellbares Bügelbrett. So finden Sie schnell die geeignete Position und können den passenden Bildausschnitt festlegen.

Artograph

Eine weitere Möglichkeit, Motive zu übertragen, bieten so genannte Artographen. Damit können Sie Ihre Entwürfe, aber auch jedes andere auf Papier gedruckte Motiv vergrößert auf Ihre Leinwand projizieren. Ein solches Gerät ist jedoch nicht billig und die Anschaffung lohnt sich nur, wenn das Gerät oft eingesetzt wird, wie z. B. in der Wandmalerei, die durch diese Technik wesentlich vereinfacht werden kann.

3 GRUND-LAGEN

Nachdem Sie die Acrylfarben und Malgründe kennen gelernt, eine Bildidee entwickelt und eine Vorzeichnung erarbeitet haben, können Sie in diesem Kapitel richtig loslegen. Sie üben nun den Umgang mit Ihrem Werkzeug, dem Pinsel, Spachtel, Malmesser, der Walze und dem Schwamm. Im Abschnitt über die Farblehre lernen Sie, wie Sie Farbtöne ermischen und mit wenigen Ausgangsfarben ein breites Farbspektrum erzielen können.

Mit jedem Malwerkzeug und jedem weiteren Farbton erreichen Sie andere Bildwirkungen. Es kommt darauf an, mit dem Werkzeug vertraut zu werden. Nach und nach lernen Sie einzuschätzen, welches Malwerkzeug das geeignete ist, um das gewünschte Ergebnis zu erreichen. Ein Gefühl für die Farbe bekommen Sie nur, wenn Sie wieder und wieder Farben mischen. Gute Erfahrungen haben viele Maler mit einem „Farbtagebuch" gemacht, in dem sie sowohl die Ausgangsfarben als auch die ermischten Farbtöne festhalten und auf diese Weise ihre eigenen Farbtabellen herstellen.

Ihre Grundausstattung

- Acrylfarben in den Primärfarben sowie Titanweiß
- Keilrahmen
- Kunsthaarpinsel oder Borstenpinsel
- Malmesser
- Schaumstoffwalze oder Schwamm
- Wasserglas
- Mallappen
- Küchenkrepp

Hinweis

- Will man etwas über Farbe erfahren, dann lohnt es, einen Blick in die Schriften von Johannes Itten zu werfen. Der Bauhauskünstler hat eine Farblehre entwickelt, welche die bildende Kunst auch heute noch prägt.

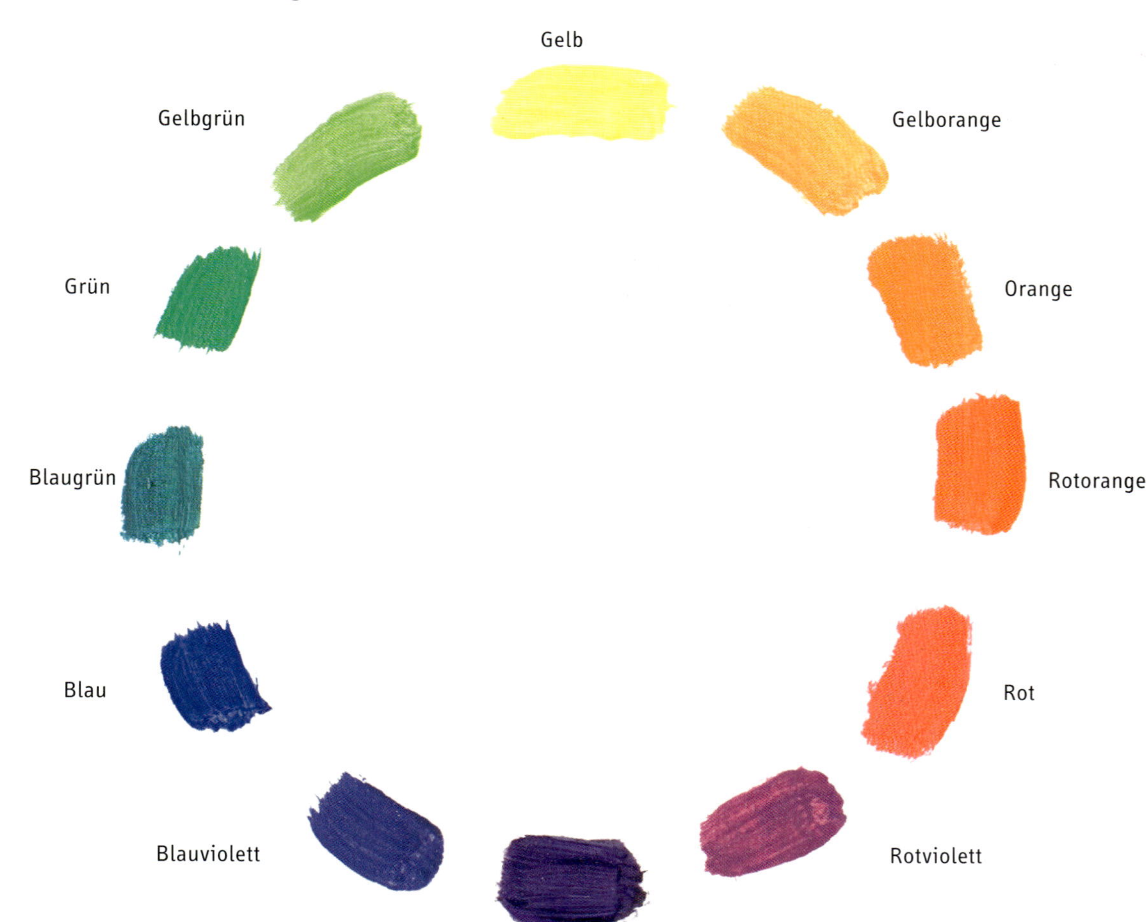

WERKZEUGE

Pinsel

Allgemein gilt: Für großflächige Arbeiten nimmt man einen großen Pinsel, je kleiner die zu malende Fläche ist, desto kleinere Pinsel werden verwendet. Langstielige Pinsel können für das Malen an der Staffelei empfohlen werden. Das Arbeiten mit diesen Pinseln ist jedoch für viele zunächst ungewohnt. Besonders für Kinder empfehlenswert sind Pinsel mit einem kurzen Stiel. Ob Sie einen Rund- oder einen Flachpinsel einsetzen, hängt ab von der Maltechnik und liegt natürlich auch in Ihrem Ermessen. Im Folgenden werden Sie immer darüber informiert, welcher Pinsel sich für die jeweilige Technik unserer Meinung nach am besten eignet.
Für die Acrylmalerei empfehlen sich Borsten- und Kunsthaarpinsel. Die pastose Konsistenz der Acrylfarbe erfordert einen strapazierfähigen Borstenpinsel, der den Maler in die Lage versetzt, durch festes Verstreichen die Farbe in die Vertiefungen der Leinenstruktur hineinzureiben. Gute Borstenpinsel, die kaum Borsten verlieren, sind etwas teurer. Die Investition lohnt sich jedoch, denn ausgefallene Borsten können sehr lästig sein. Sie müssen sofort vom Bild genommen werden, bevor sie mit der Farbe verkleben. Abgespreizte Borsten kann man mit der Nagelschere beseitigen.
Arbeiten Sie mit flüssiger Acrylfarbe, sollten Sie einen Kunsthaarpinsel verwenden. Er hat eine gute Farbaufnahme und ist federnd elastisch. Mit diesem Pinsel gelingt das Verstreichen von einer Farbe zur nächsten am besten. Kunsthaarpinsel mit spitzer Form (hier auch Aquarellpinsel genannt) ermöglichen feinste Linienzeichnungen.

Der Pinsel sollte eine nahtlose Zwinge (silber-, gold- oder kupferfarben) haben. Die Acrylfarbe wird am besten mit warmem Wasser ausgewaschen. Durch etwas Kernseife erneuert man den natürlichen Fettgehalt der Pinselhaare. Vor allem die Pigmentreste am Zwingenrand müssen sorgfältig entfernt werden, sonst wird der Pinsel unbrauchbar.
Um den Pinsel während des Malens feucht zu halten, benutzt man einen Suppenteller, gefüllt mit Wasser. Die Haare liegen im Wasser, Zwinge und Stiel außerhalb. Der Pinsel sollte so bald wie möglich richtig gesäubert werden.

Von links nach rechts:
1 Pinsel mit rundem spitzem Pinselkopf: Empfehlenswert für eine feine Strichführung bei Details und Schlussarbeiten (Aquarellpinsel mit Kunsthaaren).
2 Pinsel mit flachem kurzem Pinselkopf: Gibt nicht zu viel Farbe ab; empfehlenswert für genaues Arbeiten.
3 Pinsel mit flachem langem Pinselkopf: Eignet sich, um viel Farbe aufzutragen; besonders empfehlenswert für Farbauftrag auf Hintergründe.
4 Katzenzungenfaçon: Geeignet, um randscharfe Formen und Konturen zu malen
5 Pinsel mit rundem flachem Pinselkopf: Gut geeignet zum Verstreichen bei großen Flächen; dient als Stencil- oder Stupfpinsel bei der Schablonentechnik.
6 Breiter Flachpinsel (20–80 mm): Dient zum Grundieren oder Firnissen.
7 Fächerpinsel: Geeignet für feine Strukturen (z. B. Haare).

Achtung!

Kein Pinsel sollte über längere Zeit im Wasserglas stehen, sonst sprengt das aufquellende Holz des Stiels die Zwinge. Nach dem Trocknen wackelt die Zwinge, rostet ggf. oder die Naht bricht auf. Pinsel müssen immer an der Luft austrocknen (nicht auf der Heizung!).
Verwenden Sie für die Acrylmalerei grundsätzlich nur Kunsthaarpinsel und Borstenpinsel, keine Naturhaarpinsel!

Hinweis

- Beachten Sie beim Pinselkauf, dass Pinsel mit gleichen Nummern, die von unterschiedlichen Herstellern stammen, verschieden groß sein können.

Fortsetzung „Werkzeuge“

Fortsetzung „Werkzeuge"

Malmesser, Palettmesser und Spachtel

Malmesser und Palettmesser gibt es in mehr als 20 verschiedenen Formen im Fachhandel. Es handelt sich hierbei um eine Art kleine Spachtel, meist mit einer handgeschmiedeten, elastischen Metallklinge in einem Griff aus Olivenholz. Für ein erstes Ausprobieren eignen sich auch billige Varianten aus Kunststoff. Palettmesser werden zum Anmischen der Farbe eingesetzt. Malmesser sind, wie der Name schon sagt, zum Malen geeignet. Mit der Kante eines Malmessers lassen sich sehr dünne Linien ziehen. Entsprechend der jeweiligen Messerform können die Farben pastos aufgetragen und verschiedenste Strukturen erzielt werden. Hierfür braucht man ein wenig Übung. Grobe Spachtel aus dem Baumarkt sind eher zur Strukturgebung im Hintergrund eines Bildes geeignet. Auch für den Auftrag von Strukturpasten und -gelen können Malmesser eingesetzt werden.

Tipps & Tricks

- Statt eines Palettmessers lässt sich zum Anmischen der Farbe auf der Palette auch ein ausgedientes Küchenmesser mit einer breiten Klinge verwenden. Eine preisgünstige Alternative!

- Breite Colour shaper, die ähnlich aussehen wie breite Flachpinsel, eignen sich gut, um Strukturpaste auf große Flächen aufzutragen (siehe Seite 40).

Hinweis

- Eine kostengünstige Alternative zu den Colour shapern sind Backschaber aus der Haushaltswarenabteilung, die sowohl zum Auftrag von Farbe als auch von Strukurpasten verwendet werden können.

Colour shaper

Colour shaper, auch Rubber Brush genannt, gibt es in harter und weicher Ausführung. Der Shaperkopf besteht aus einer Kautschukmischung. Mit dem Colour shaper lässt sich Farbe auftragen. Er kann jedoch auch verwendet werden, um Formen aus der feuchten Farbe herauszukratzen (siehe Seite 50). Colour shaper gibt es in verschiedenen Formen. Die weichen Colour shaper sind für den Auftrag flüssiger Farben gedacht, harte shaper für pastose Farben, aber auch für Modelliermassen.

Paletten

Es gibt Flachpaletten und Paletten mit Vertiefungen. Mischt man größere Mengen Farbe an, sind Paletten mit Vertiefungen oder Schalen gut geeignet, in welchen die Farbe möglichst lange flüssig gehalten wird. Für kleinere Farbmengen können auch Flachpaletten verwendet werden. Neben Kunststoffpaletten gibt es Metall-, Porzellan- sowie Holzpaletten. Um sich das lästige Abwaschen zu ersparen, kann man Paletten jeweils vor dem Malen mit Frischhaltefolie beziehen. Nach dem Trocknen können dann Farbreste und Folie einfach entsorgt werden. Die Verwendung von Blattabreißpaletten aus Spezialpapier empfiehlt sich nur bei pastoser Malweise, beim Einsatz von flüssiger Acrylfarbe werden diese Paletten leicht wellig. Feuchthaltepaletten (mit einem speziellen Papier, das Feuchtigkeit speichert, und versehen mit einem Deckel) verhindern das Antrocknen der Farbe.

Staffelei

Wenn Sie ein großes Bild malen wollen, empfiehlt sich die Arbeit an einer Staffelei. Da das Bild aufrecht steht, kann man an der Staffelei auch die Bildwirkung besser beurteilen. Treten Sie während des Malprozesses häufiger einige Meter zurück und betrachten Sie Ihr Bild kritisch aus dieser Entfernung. Sie erhalten so einen anderen Eindruck als bei der Arbeit direkt vor der Leinwand.

Für das Malen auf Keilrahmen eignen sich vor allem Atelierstaffeleien aus Holz, die es im Handel in unterschiedlichen Ausführungen gibt. Beachten Sie, auf welche maximale Bildgröße die Staffelei ausgerichtet ist, und testen Sie die Standfestigkeit. Feldstaffeleien sind wackeliger und nur für das Malen im Freien zu empfehlen.

Mallappen

Einen saugfähigen, nicht fusselnden Mallappen oder ein Stück von der Haushaltsrolle sollten Sie beim Malen immer schnell zur Hand haben. Wenn ein Farbwechsel ansteht, streifen Sie den Pinsel im Mallappen aus und waschen ihn anschließend in warmem Wasser aus. Vor der Farbaufnahme streichen Sie mit Ihrem Pinsel einige Male über den Lappen, um die Pinselhaare zu trocknen.

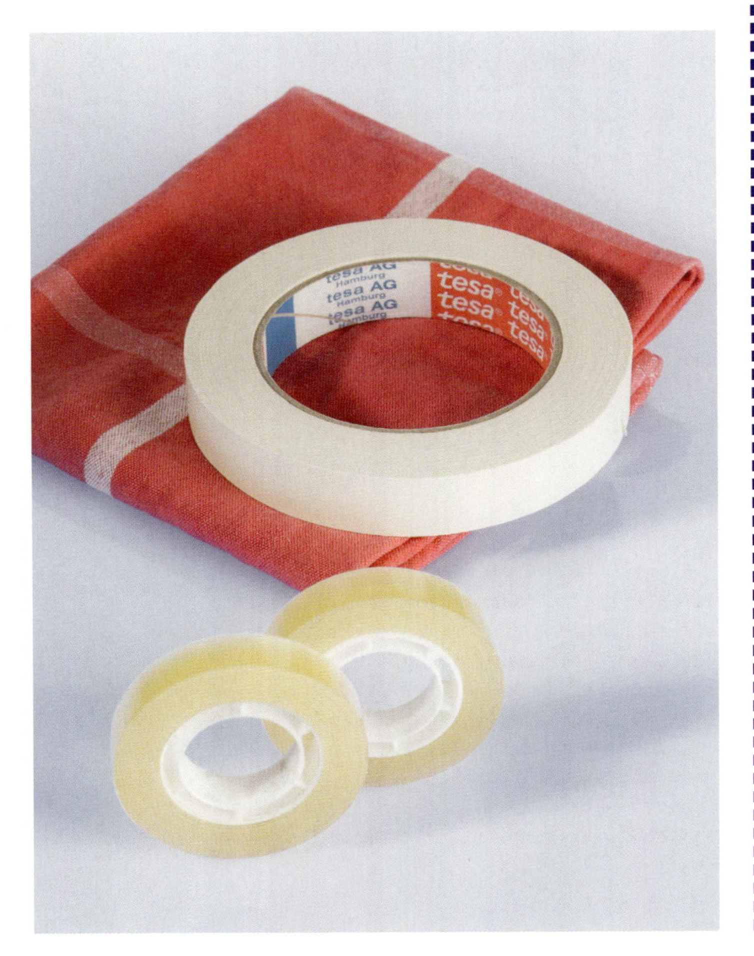

Klebeband

Will man auf einer größeren Fläche gerade Farbkanten malen, empfiehlt sich das Abkleben des Hintergrundes mit Klebeband. Die Farbe sollte immer aus der Richtung des Klebebands auf die Fläche gestrichen werden. Malt man in Gegenrichtung, kann Farbe unter das Klebeband gelangen und eine unsaubere Kante ergeben. Noch bevor die Acrylfarbe getrocknet ist, muss das Klebeband wieder entfernt werden. Ziehen Sie es langsam und vorsichtig nach vorne, damit die Farbe nicht einreißt.

Tipps & Tricks

- Als Palette eignet sich natürlich auch ein einfacher weißer Porzellanteller. Dick aufgetrocknete Farbe kann mit heißem Wasser vom Teller entfernt werden.
- Nicht so formstabil, aber ebenfalls geeignet sind Papp- oder Kunststoffteller. Diese sollten aber auf jeden Fall weiß sein, damit Sie das Ergebnis Ihrer Farbmischungen richtig beurteilen können.

Hinweis

- Als Mallappenersatz können auch Papiertücher dienen. Eine Rolle Küchenpapier sollte beim Malen mit Acryl immer in erreichbarer Nähe sein!

Hinweis

- Farben mischt man zumeist von Hell nach Dunkel.

Tipps & Tricks

- Weniger ist mehr! Beginnen Sie mit wenigen Farben, z. B. den Grundfarben Gelb, Rot und Blau plus Schwarz und Weiß, und lernen Sie die Mischfarben kennen. Mit diesen fünf Farben lässt sich das gesamte Farbspektrum ermischen.

FARBLEHRE

Die Farblehre nach Johannes Itten beruht auf einem Farbkreis. Die gegenüberliegenden Farben bilden den größtmöglichen Kontrast (Komplementärkontrast). Mischt man zwei gegenüberliegende Farben miteinander, so erhält man verschiedene bräunliche Farbtöne und zuletzt immer Schwarz. Kalte (blaugrüne) und warme (rotorangefarbene) Farben liegen sich gegenüber. Es gibt drei Grundfarben, die nicht ermischt werden können. Diese sind Gelb, Rot und Blau. Alle anderen Farben unseres Farbspektrums können aus diesen drei Farben ermischt werden.

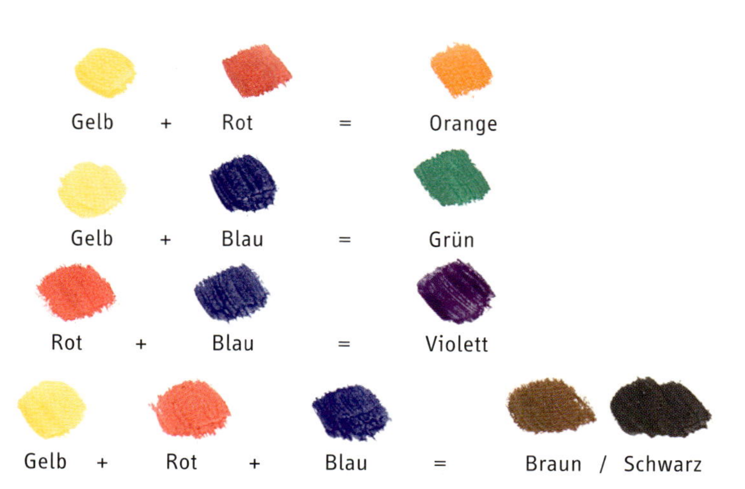

2-Ton-Mischungen

Jeweils zwei Grundfarben (Primärfarben) miteinander vermischt ergeben die Sekundärfarben: Orange, Grün und Violett. In einer Sekundärfarbe ist kein Pigmentanteil der fehlenden dritten Grundfarbe vorhanden. Sobald dies der Fall ist, z. B. aufgrund von schmutzigem Malwasser, schlägt der Farbton in Richtung Braun um.

3-Ton-Mischungen

Orange (ermischt aus Gelb und Rot) wird durch Zugabe der dritten Farbe Blau zu Ocker oder (bei Verwendung von mehr Rot) zu einem Terrakottaton bis hin zu Braun und Schwarz. Violett (ermischt aus Rot und Blau) wird durch Zugabe von Gelb schnell zu Dunkelbraun und Schwarz. Grün (aus Gelb und Blau) wird durch Zugabe von Rot zu einem schönen Olivton, durch mehr Rot zu Braun und zuletzt zu Schwarz.

Durch Zugabe von Weiß wird jede Farbe aufgehellt. Gibt man ein deckendes Weiß (Titanweiß) hinzu, so wird die Farbmischung auch deckend und pastellhell (siehe Seite 8). Fügen Sie beim Mischen von Farbe immer nur wenig Farbe hinzu und mischen Sie gut durch, bevor Sie mehr Farbe hinzugeben. Der gewünschte Farbton sollte durch möglichst wenige Farbtöne (Volltöne) ermischt werden, da die Mischung sonst vergraut.
Mischt man Farben, die im Farbkreis nebeneinander liegen, erhält man ein harmonisches Farbgefüge. Ein Bild, das mit solchen Farbtönen gestaltet wurde, wirkt ruhend und still. Werden Farben, die sich auf dem Farbkreis gegenüberliegen, auf einem Bild vereint, ergeben sie einen großen Kontrast und wirken auffällig und lebhaft.

HILFSMITTEL

Grundierung

Acrylfarbe dringt nicht in den Untergrund ein, sondern liegt obenauf. Trägt man eine pastose Schicht auf einen Untergrund auf, sind die Kohäsionskräfte stark und es kann beim Trocknen zu Falten, Wellen oder Beulen kommen. Um das zu verhindern, sollte der Untergrund gut vorbereitet werden. Je nach Farbauftrag empfiehlt sich eine mehrmalige Vorbehandlung, damit ein gleichmäßig saugender Untergrund entsteht. Wenn der zu bemalende Untergrund feinporig und stark saugend ist (z. B. Pappe, Sackleinen oder Holzplatten), muss die Grundierung stark verdünnt und häufig aufgetragen werden (vier- bis achtmal, mit Trocknungszeiten zwischendurch). Dann kann die Grundierung richtig einziehen und den Untergrund festigen.
Man kann den Malgrund mit Gesso (siehe unten) oder mehrfach mit einem Überzug aus Acrylfarbe (mit Wasser stark verdünnt) grundieren.

Gesso

Gesso ist eine hochwertige, gut haftende Acrylkreideschicht zum Grundieren von Malgründen. Er kann mit Wasser verdünnt und in mehreren Schichten aufgetragen werden. Nach einer Trocknungszeit von ca. zwei Stunden ist er wasserfest, lichtecht und alterungsbeständig. Gesso schließt die Oberfläche des Gewebes und verstärkt die Haftung der Acrylfarben auf dem Untergrund. Gessogrund erhält man in Reinweiß, das sich mit Acrylfarbe einfärben lässt. Es gibt ihn auch in Schwarz für einen dunklen Untergrund.

Malmittel

In der Regel wird Acrylfarbe mit Wasser verdünnt. Dies kann in einem so starken Maße geschehen, dass sogar ein aquarellähnliches Ergebnis erzielt werden kann. Bei mehr als 50 % Wasseranteil ist die Farbe aber nach der Trocknung nur noch bedingt wasserfest. Dann muss die Oberfläche durch einen Sprühfirnis (siehe Seite 57) geschützt werden.
Im Fachhandel gibt es viele verschiedene Malmittel für jede mögliche Technik. Die wichtigsten sind:

1 Trocknungsverzögerer (Retarder oder Verzögerer): Bei einer Zugabemenge von 30 % wird die Farbe fast doppelt so lange feucht gehalten wie normalerweise.

2 Impasto-Gel oder Acryl-Verdicker: Vergrößert das Volumen der Farbe und wird z. B. für Spachtelarbeiten und Collagen eingesetzt. Die Farben sind transparenter.

3 Acrylmalmittel (glänzend oder matt): Geeignet zur Verdünnung der Farbe. Der Vorteil gegenüber Wasser besteht darin, dass sich ein Malfilm ergibt, der die Farbe auch elastisch werden lässt und geschützt hält. Die Leuchtkraft der Farben bleibt erhalten. Das Malmittel ist milchig-weiß, trocknet aber transparent auf.

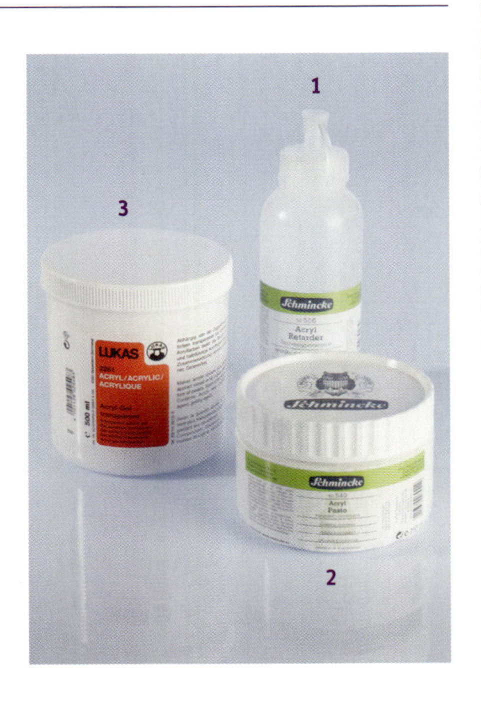

Achtung!

Kein Bild ist haltbarer als sein Malgrund! Grundieren Sie den Malgrund sehr sorgfältig – eine wichtige Voraussetzung dafür, dass Ihre Farbe später gut auf dem Grund haftet.

Hinweis

- Mit Gesso lassen sich auch misslungene Partien eines Bildes zuverlässig abdecken, sodass diese anschließend neu bemalt werden können.

Hinweis

- Beginnen Sie mit dem Hintergrund und malen Sie Ihr Bild von hinten nach vorne.

Tipps & Tricks

- Pastose Farbe verstreichen Sie mit einem Borstenpinsel, flüssige Farbe mit einem Kunsthaarpinsel.

- Pinsel mit einem kurzen Pinselkopf sind für genaues Arbeiten geeignet. Scharfe Kanten erhält man, wenn die Pinselhaare direkt gegen die Kontur gerichtet sind. So kann sich auch kein Haar abspreizen und die Kante verschmieren (siehe oben). Für feinste Linien sollten Sie einen Pinsel mit einer runden und spitzen Form benutzen, z. B. einen Aquarellpinsel. Da diese Pinsel aber weicher sind, muss die Farbe mit Wasser verdünnt sein. Den Pinsel an der Zwinge anfassen und senkrecht halten. Die Linien mit den feinen Haaren an der Pinselspitze malen (siehe rote Linien unten).

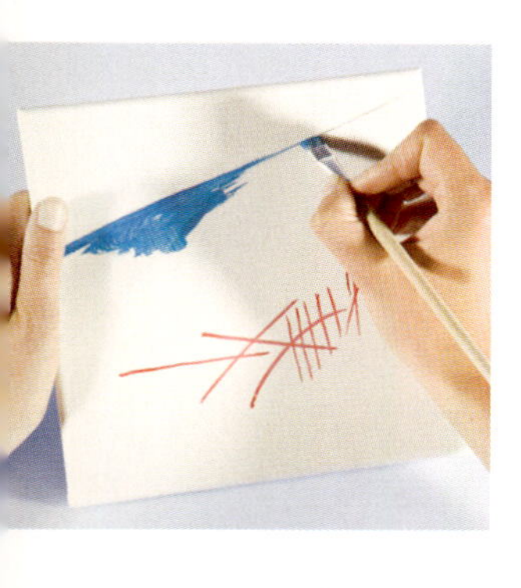

Arbeiten mit dem PINSEL

Pinsel sollten Sie nicht verwenden, um Ihre Farben auf der Palette zu mischen. Dabei gelangt häufig Farbe auf die Zwinge, trocknet dort sehr schnell und macht den Pinsel unbrauchbar. Mischen Sie deshalb Ihre Farben mit einem Palettmesser oder Malspachtel. Die Farbe sollte gut vermischt sein, bevor sie mit den vorderen Pinselhaaren aufgenommen wird. Das Verstreichen der Farbe auf der Leinwand darf nicht willkürlich kreuz und quer geschehen. Entscheiden Sie sich für eine waagerechte Pinselführung (z. B. bei der Himmels- und Wasserdarstellung), für eine senkrechte Pinselführung (bei allem, was steht) oder für eine kreuzweise Pinselführung, um einen gleichmäßigen Farbauftrag ohne sichtbare Linienführung zu erreichen.
Üben Sie diese unterschiedlichen Arten der Pinselführung und arbeiten Sie dabei mit einem Borstenpinsel mit langem Pinselkopf. Er hat große Widerstandskraft, nimmt viel Farbe auf und reibt sie in die Vertiefungen der Leinenstruktur. Arbeiten Sie mit Kraft. Wenn nach dem Trocknen der Farbe weiße Pünktchen auf der Leinwand erscheinen, haben Sie nicht genug Kraft eingesetzt.

Waagerechte und senkrechte Pinselführung

Für Himmel- und Wasserdarstellungen den Pinsel waagerecht führen. Senkrechte Pinselstriche werden eingesetzt für alles, was steht, z. B. für Gräser, Bäume, Häuser ...

Kreuzweise Pinselführung

Um einen gleichmäßigen Farbauftrag zu erreichen, wird der Pinsel kreuzweise geführt.

Tupfen

Um eine ungleichmäßige Oberfläche zu erzielen, haben Sie die Möglichkeit, den Pinsel aufzutupfen. So können Sie beispielsweise Blumenwiesen malen oder die unruhige Schale von Apfelsinen gestalten.

Arbeiten mit dem MALMESSER

Da die Arbeit mit dem Malmesser sehr ungewohnt ist, sollte man zunächst ein paar Vorübungen machen. Kratzt man mit der Kante des Messers die Farbe von der Palette, lässt sich durch das Verziehen derselben Kante in Längsrichtung eine feine Linie verstreichen. In Querrichtung aufgestrichen, erzeugt das Malmesser Farbflächen – diese sind je nach Kraftaufwand dünn verzogen oder dick aufgetragen. Die Form des Farbaufstrichs ist abhängig von der Form des Malmessers und der Handbewegung des Malers (siehe unten Mitte). Kleine Malmesser mit feiner Spitze eignen sich für feine Detailarbeiten und für kleinere Bildformate. Größere Spachtel in Kellenform sind für große Flächen gut geeignet.

Malmesserkante

Mit der Kante des Malmessers lassen sich saubere Linien malen.

Verschiedene Malmesserstrukturen

Durch die verschiedenen Malmesserformen ergeben sich unterschiedliche Strukturen. Nehmen Sie verschiedene Farben auf und verstreichen Sie die Farbe mit der Malmesserseite, erreichen Sie eine interessante mehrfarbige Struktur.

Arbeiten mit WALZE und SCHWAMM

Der Farbauftrag mit dem Pinsel ist oftmals nicht zufrieden stellend gleichmäßig. Mit der Walze hingegen gelingen Grundierungen und Verläufe perfekt. Sie benötigen eine kleine Kunststoffwanne, in die Sie die Farbe geben. Nehmen Sie mit der Walze Farbe auf und streichen Sie sie am Rand etwas aus. Rollen Sie mit zügigen Bewegungen. Grundieren Sie die Bildfläche mit der Walze in zwei Blautönen. Sie können die Farben direkt auf der Leinwand mischen. Naturschwämme eignen sich gut zum Tupfen von Strukturen (z. B. für Büsche in einer Landschaft) auf trockene Untergründe. Mit dem Schwamm lassen sich zudem wolkige Strukturen in die noch feuchte Farbe einarbeiten. Dabei kann nicht nur Farbe aufgetragen, sondern auch nasse Farbe mit dem feuchten Schwamm herausgesaugt werden.

Tipps & Tricks

- Rostige Malmesser lassen sich mit Schmirgelpapier säubern
- Eine ganz eigene Struktur erzielt man durch Kratzen und Verziehen der Farbe mit einer alten Plastikscheckkarte.

Hinweis

- Im Fachhandel erhalten Sie auch Malmesser aus Kunststoff. Diese haben den großen Vorteil, dass sie nicht rosten.

Landschaft

Den Horizont zunächst mit einem Bleistiftstrich festlegen. Nun eine Walzenbreite Orange darüber legen. Die obere Bildhälfte mit Neapelgelb füllen. Dieses vorsichtig mit etwas Siena gebrannt zum Horizont hin rollen. Mit Schreibbewegungen Farbspuren in Neapelgelb über den Horizont setzen. Dicke Tropfen mit dem Finger zu Blattspuren verziehen. Nach dem Trocknen das Bild zum Schutz mit Acryllack überziehen.

Tipps & Tricks

- Wenn Sie die Farben direkt auf der Leinwand miteinander verwalzen, entstehen interessante Muster, die das Auge anregen.

FORMAT
50 cm x 60 cm

MATERIAL
- Keilrahmen
- Acrylfarben in Kadmiumorange, Siena gebrannt und Neapelgelb
- Bleistift
- Schaumstoffwalze
- transparenter Acryllack

IDEENINSEL

FORMAT
60 cm x 40 cm

MATERIAL
- Keilrahmen
- Acrylfarben in Maigrün, Kadmiumgelb hell, Ultramarinblau und Titanweiß
- Schaumstoffwalze
- Gummispachtel

VORLAGE
Seite 112

Weiße Blüten

Mit der Walze verschiedene Farben vertikal von unten nach oben auf die Leinwand auftragen. Anschließend mit einem Gummispachtel Blütenblätter in Weiß auf die noch feuchte Farbe setzen. Trocknen lassen. Nun noch ein paar Farbspuren aus der Farbflasche direkt auf die Leinwand spritzen und Tupfen zwischen die Stängel setzen.

Tipps & Tricks

- Vor dem Spritzen die geschlossene Farbflasche auf den Kopf stellen und mehrmals kräftig schütteln, damit die Farbe nach unten läuft (siehe auch Seite 96).

Vertikale in Orange

Einen kleinen Klecks Orange auf ein Ende der Leinwand auftragen und die Farbe langsam zum anderen Ende spachteln. Die Spachtelspuren sollten sichtbar sein. Nach und nach Kleckse in Neapelgelb zugeben und verziehen. Am anderen Ende der Leinwand einen größeren Klecks Silber auftragen und die orange-gelbe Mischfarbe damit verziehen. Die Farben sollen übergangslos ineinander fließen.

Tipps & Tricks

- Spachtel aus verschiedenen Materialien hinterlassen einen jeweils eigenen Strich.

FORMAT
70 cm x 20 cm

MATERIAL
- Keilrahmen
- Acrylfarben in Kadmiumorange, Silber und Neapelgelb
- Kunststoffspachtel oder selbst hergestellter Pappspachtel

FORMAT
24 cm x 30 cm

MATERIAL
- Keilrahmen
- Acrylfarben in Ultramarinblau, Türkis, Grün, Gelbgrün und Kadmiumgelb hell
- Pinsel
- Spachtel, ca. 4 cm breit

Abstrakte Landschaft in Grün-Blau

Die Farbflächen des Himmels in Ultramarin und Türkis anlegen, die der Landschaft in Grün und Gelbgrün. Die Farbfelder trocknen lassen. Mit dem Spachtel Gelbgrün sowie einen zusätzlichen Tupfer Gelb als Farbstreifen quer über das Bild ziehen. Mit der Spachtelkante Linien in die feuchte Farbe ziehen.

Tipps & Tricks

- Verziehen Sie die Farbe auf der Palette zu einem Streifen und nehmen Sie aus diesem Streifen die entsprechende Farbmenge für den Farbauftrag auf die Leinwand auf.

4 MAL-TECHNIKEN

Sie haben bereits ein Gefühl für die Farbe entwickelt und können mit Ihrem Werkzeug umgehen. Wenden wir uns nun den Maltechniken zu, denn natürlich kommt es bei der Malerei wesentlich auf die Art und Weise an, wie Sie die Farbe auf Ihren Malgrund bringen. Zunächst machen wir Sie mit klassischen Maltechniken vertraut, wie wir Sie nicht nur aus der Acrylmalerei, sondern auch aus der Aquarell- und Ölmalerei kennen. Da Acrylfarben so gut handhabbar sind und sowohl extrem flüssig als auch sehr dick aufgetragen werden können, lassen sich klassische Aquarelltechniken (z. B. die Nass-in-Nass-Malerei) ebenso damit umsetzen wie Impasto-Techniken, die typisch sind für die Ölmalerei.
In diesem Kapitel arbeiten Sie noch ausschließlich mit der Acrylfarbe, Ihrem Werkzeug und Ihrem Malgrund. In Kapitel 5 und 6 werden dann zusätzliche Materialien wie Strukturpasten, Collageelemente und weitere Malmedien ins Spiel kommen.

Hinweis

- Die Angaben zur Formatgröße, die Sie auf den Ideeninseln und im Ideenpool finden, sind als Vorschläge zu verstehen. Für Einsteiger ist es häufig einfacher, ein Bild zunächst im kleinen Format (z. B. 20 cm x 20 cm) zu malen.

Durch dunklere Verläufe wird das Spiegelei zur Margerite

LASUR

Eine Lasur ist ein dünner Farbauftrag, der den Untergrund durchscheinen lässt – vergleichbar mit einer farbigen Folie. Wie schon erwähnt, sind viele Acrylfarben bereits lasierend bzw. transparent. Mit verschiedenen Malmitteln kann man aber auch deckende Farben zu Lasurfarben verändern bzw. Lasurfarben noch transparenter werden lassen. Mit Wasser verdünnt wird jede Acrylfarbe zu einer lasierenden Farbe. Um Lasuren sinnvoll im Bild einsetzen zu können, muss man verstehen lernen, welche Möglichkeiten die Lasur bietet. Lasurfarben setzen einen hellen Untergrund voraus. Möchten Sie beispielsweise im Bild das strahlende Rot einer Mohnblüte erreichen, malen Sie die Blüte in Gelb und übermalen sie anschließend mit einer Lasur in Rot.

Möchten Sie eine Farbe lasierend einsetzen, so setzt dies voraus, dass Sie die Farbe nicht zu dick auftragen. Um feinste Farbübergänge zu erreichen, können Sie neben dem Pinsel auch den Handballen oder einen Finger als Werkzeug gebrauchen. Auf diese Weise bekommen Sie ein Gefühl für die Verstreichmöglichkeiten. Von Tizian wird berichtet, dass er 30 bis 40 Lasuren in einem Bild einsetzte. Beachten Sie, dass bei jedem neuen Lasurauftrag die zuvor aufgelegte Lasur gut durchgetrocknet sein muss. Auf dunklem Untergrund wirken Lasuren zurückhaltend, mehr oder minder „tot“. An diesem Bildbeispiel erkennen Sie, wie eine Lasur auf hellem im Vergleich zum dunklen Grund wirkt. Natürlich verändert sich jeweils der Farbton der Lasur durch die darunter liegende Farbe (siehe Seite 20). Die gelbe Lasur erscheint auf blauem Grund grünlich (siehe rechts oben).

Verdünnt man Ocker mit viel Wasser und legt diese wässrige Lasur mit einem breiten Pinsel schnell über eine andere Farbfläche, so hellt man diese damit insgesamt etwas auf. Bei einer Landschaft kann es so aussehen, als ob die Sonne plötzlich scheint. Im unteren Bild sehen Sie die Landschaft ohne Ockerlasur, im oberen Bild wurde die Lasur mit Ocker über die Landschaft gelegt. Die Bildwirkung ist ganz unterschiedlich.

Tipps & Tricks

- Um eine harmonische Farbgebung zu erzielen, kann es sinnvoll sein, das gesamte Bild mit einer dünnen Farblasur zu überziehen.

Hinweis

- Mit der Technik der Acryllasur lassen sich Bilder herstellen, die Aquarellen ähneln. Im Vergleich mit der Aquarellfarbe ist die Acrylfarbe jedoch einfacher zu handhaben. Da die Acryllasur wasserfest auftrocknet, können Sie nach dem Trocknen problemlos eine oder mehrere Lasuren über die vorherige legen und somit feine Farbabstufungen erzeugen, ohne die Untergrundfarbe anzulösen.

Hinweis

- Nicht in schon leicht angetrocknete Farbaufträge hineinmalen, sonst zerstören Sie das Ineinanderfließen der Farben!

Tipps & Tricks

- Am besten gelingen Farbverläufe, wenn man rasch arbeitet und die zu verlaufenden Farben nass ineinander verstreicht. Beginnen Sie mit der hellsten Farbe und mischen Sie auf der Palette wenig Farbe eines zweiten Farbtons hinzu, verstreichen Sie den Ansatz und arbeiten Sie so weiter. Geben Sie immer etwas mehr Farbe des zweiten Tons hinzu, bis der neue Farbton erreicht ist.

- Geübte Maler mischen nicht nur auf der Palette, sondern erzeugen den Farbverlauf häufig direkt auf dem Malgrund.

VERLÄUFE

Bei einem Farbverlauf von einer zu einer zweiten Farbe ergibt sich immer eine Mischfarbe dazwischen. So liegt beispielsweise zwischen Gelb und Rot der Farbton Orange. Hat die Mischung einen höheren Gelbanteil, sieht der Farbton gelblicher aus, ist mehr Rot darin, wirkt er rötlicher. In unserem Beispiel „rutscht" die Farbe von Gelb über Gelborange und Orange zu Orangerot und zu Rot (siehe oben links). Die Übergänge sind fließend und klare Grenzen zwischen den einzelnen Farbstufen nicht erkennbar. Unten sehen Sie einzelne Farbstufen ohne Farbvermischung.

Liegen bei einer Blume zwei Blätter in der gleichen Farbe übereinander, so zeigt sich auf dem unten liegende Blatt ein leichter Schatten des darüber liegenden Blattes. Nur durch die Dunkelheit der Schatten lassen sich nebeneinander liegende Formen in der gleichen Farbe unterscheiden. Ohne die dunkleren Verläufe sähe die Margerite in unserem Bildbeispiel aus wie ein Spiegelei.

Farbverläufe sind bei genauerer Betrachtung überall zu erkennen. Zumeist kommt das Licht von oben (Sonne, Glühbirne etc.), sodass Gegenstände oben etwas heller wirken und nach unten dunkler werden. Beobachten Sie den Himmel über einer Landschaft: Bei gutem Wetter findet man einen Farbverlauf von Weiß am Horizont zu Blau am oberen Himmel. Bei schlechtem Wetter ist das umgekehrt.

NASS-IN-NASS-Malerei

Gute Nass-in-Nass-Arbeiten haben eine sehr lichte Wirkung. Auf einem mit Wasser angefeuchteten Grund wird mit Acrylfarbe gearbeitet, die schon mit Wasser verdünnt wurde. Die Farbe verläuft und man erhält eine luftige, weiche Form. Solange die Farbe feucht ist, kann man andere Farben hinzufügen oder mit dem Pinsel bzw. einem Lappen Farbe heraustupfen.
Das Anfeuchten des Malgrundes geschieht am besten mit einem Schwämmchen oder einem breiten Pinsel. Die Farben sollten eine ähnlich wässrige Konsistenz haben. Wenn sich die Farben im Bild „berühren“, vermischen sie sich nicht miteinander. Wenn man sie ineinander verstreicht, erhält man eine Mischfarbe. Legen Sie eine pastose Farbe neben eine wässrige Farbe, so kommt es in der Folge zu unterschiedlichen Trocknungszeiten. Die pastose Farbe mit weniger Wasseranteil trocknet schneller. Die daneben liegende wässrige Farbe, die noch immer feucht ist, fließt in den trockenen Randbereich und schiebt die Farbpigmente wie eine Grenzlinie vor sich her. Hier entsteht eine so genannte Aquarelllinie. An passender Stelle ist sie großartig, an unpassender Stelle wirkt sie hässlich.

Schritt für Schritt erklärt

1 Nasse Farben im Bild mischen

Immer von Hell (Gelb) nach Dunkel (Rot) streichen und die Farben mit dem Pinsel miteinander verrühren. Rot und Gelb mischen sich zu einem Orangeton.

2 Zwei Farben „berühren“ sich

Hier treffen Gelb und Rot auf angefeuchtetem Untergrund aufeinander. Wenn Sie die beiden Farben nicht ineinander verstreichen, mischen sie sich nicht miteinander.

3 Aquarelllinie

Die feuchte blaue Farbe fließt bis an den trockenen Randbereich einer anderen Farbe und schiebt die Farbpigmente wie eine Grenzlinie vor sich her. Es entsteht die so genannte Aquarelllinie.

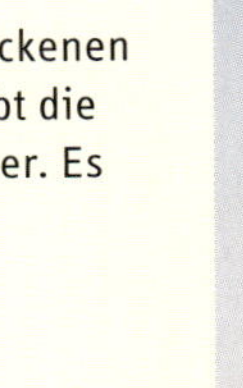

Hinweis

- Zum Anfeuchten des Malgrundes eignet sich kalkfreies, abgekochtes oder destilliertes Wasser besonders gut.

Tipps & Tricks

- Wenn Sie kleine Bilddetails anfeuchten wollen, können Sie leicht gefärbtes Wasser verwenden. So können Sie sofort erkennen, an welchen Stellen Sie mit dem Pinsel bereits Wasser aufgetragen haben.

Hinweis

- Impastomalerei eignet sich auch hervorragend für die Prima-Malerei, bei der die Farbe ohne Übermalungen in einem (prima) Arbeitsgang aufgetragen wird.

Tipps & Tricks

- Wählen Sie für Ihre ersten Versuche in Impasto Farben aus einer Farbfamilie oder Farben, die im Farbkreis nebeneinander liegen, z. B. Gelb, Orange und Rot oder Rot, Violett und Blau. Tappen Sie nicht in die „Graufalle“: Nimmt man die dritte Grundfarbe hinzu, kann ein unerwünschter Grau- oder Braunton entstehen.

IMPASTO

Impasto bedeutet, dass Sie die Farbe dickflüssig vermalen. Dies kann sowohl mit dem Pinsel als auch mit den verschiedenen Malmessern geschehen. Dabei bleiben die Spuren des Malwerkzeugs sichtbar. Durch Zugabe von Verdicker wird die Farbe noch pastoser. Bei pastosem Farbauftrag sollte der Malgrund etwas verstärkt werden (siehe Seite 21 Gessogrund). Gerade bei großformatigen Bildern stellen wir öfter fest, dass sich Keilrahmen verzogen haben. Das Maltuch nimmt die ungleichmäßig dick aufgetragene Farbe unterschiedlich auf und gibt die daraus resultierende unterschiedliche Spannung an das Keilrahmengefüge weiter (siehe Seite 59 Rahmung). Das Resultat: Der Keilrahmen verzieht sich. Im schlimmsten Fall hilft dann nur noch das Abspannen der Leinwand und Aufspannen auf einem neuen Keilrahmen. Acrylfarbe eignet sich hervorragend für Impastoarbeiten. Sie trocknet gut durch und es entstehen, auch bei sehr dickem Farbauftrag, keine Risse oder Runzeln. Die Trocknungszeit beträgt zwischen wenigen Minuten und einigen Stunden, je nach Farbdicke und Zimmertemperatur. Auch pastose Aufträge können nach wenigen Stunden übermalt werden. Zur vollen Durchhärtung kommt es aber erst nach längerer Zeit.

Schritt für Schritt erklärt

1 Erster Farbauftrag

Mit der Seite des Malmessers graue und blaue Acrylfarbe aufnehmen und waagerecht in der unteren Keilrahmenhälfte verstreichen. Mit dem Pinsel die Bildkanten in derselben Farbe bemalen.

2 Pastoser Farbauftrag mit dem Malmesser

Rote, blaue und weiße Farbe mit der Seite des Malmessers aufnehmen und von oben nach unten auf die Leinwand streichen.

3 Fertige Impastoarbeit

Die Farbe möglichst dick auf die Leinwand legen. Durch das Verziehen mit dem Malmesser entstehen interessante Farbstrukturen.

TROCKENPINSELTECHNIK

Eine abgedämpfte Farbwirkung erhält man durch den Auftrag einer wenig deckenden Farbschicht auf einen andersfarbigen trockenen Untergrund. Die später aufgetragene Farbe wirkt wie ein Schleier, lässt aber den Untergrundfarbton und die darunter liegende Form erahnen. Ein Pinsel, dessen Borsten auf ca. 5 mm Länge gekürzt wurden, oder eine alte Bürste eignen sich für einen solchen Farbauftrag am besten. Um den Auftrag besonders zart zu gestalten, sollten Sie etwas Acrylmalmittel zur Farbe hinzufügen. Nehmen Sie nur wenig Farbe mit dem trockenen Pinsel auf und verreiben Sie sie mit viel Kraft auf dem andersfarbigen Untergrund.

Schritt für Schritt erklärt

1 Leinwand grundieren und Schablone zuschneiden

Die Leinwand in Rot grundieren. Etwa 4 cm vom unteren Rand entfernt gelbe Farbe hinzugeben. Mit Blau eine waagerechte Wasserlinie einmalen und nach und nach im Gelb und Rot verstreichen. Aus Pappe mit dem Cutter auf einer Schneidematte eine Negativschablone zuschneiden.

2 Farbauftrag mit trockenem Pinsel

Die Schablone auf dem Farbgrund fixieren und ganz wenig Titanweiß mit einem trockenen Pinsel „aufbürsten". Mit den hinteren Segeln beginnen.

3 Gestaltung des Vordergrunds

Die vorderen beiden Segel zweimal mit Weiß überarbeiten, sodass sie deutlich hervortreten. Die Segel in der Ferne wirken in Folge der Trockenpinseltechnik verschwommener.

Hinweise

- Werfen Sie Ihre älteren Borstenpinsel nicht sofort weg. Bei vielen Acrylarbeiten (z. B. in der Trockenpinseltechnik) können alte Pinsel noch zum Einsatz kommen.
- Die Vorlage für das Segel finden Sie auf Seite 113.

Tipps & Tricks

- Wie die Bezeichnung „Trockenpinseltechnik" schon sagt: Der Pinsel sollte wirklich trocken sein. Sollte er zuvor im Wasser gestanden haben, bitte im Mallappen gründlich ausdrücken. Befindet sich noch ein Rest Wasser im „Pinselbauch", funktioniert die Trockenpinseltechnik nicht.

Verlauf

Die Leinwand gut befeuchten und mit blauen Linien eine Art Pfad von links nach rechts unten andeuten. Maisgelb auftragen und die Farbe mit dem nassen Schwamm schräg über das Blatt verziehen. Rot und Grün in geringen Mengen in die Farbspuren geben. Mit dem Schwamm eine weiße Farbspur über den Pfad legen. Anschließend mit einem feuchten Pinsel diese Farbe mit etwas Maisgelb verziehen. Zuletzt mit dem ausgewaschenen Pinsel wiederum die Hauptstrukturen betonen.

FORMAT
60 cm x 80 cm

MATERIAL
- Keilrahmen
- Acrylfarben in Zinnoberrot, Primärblau, Maigrün, Titanweiß und Maisgelb
- Naturschwamm
- Flachpinsel, 3 cm breit

IDEENINSEL

FORMAT
70 cm x 100 cm

MATERIAL
- Keilrahmen
- Acrylfarben in Titanweiß und Neapelgelb sowie z. B. Zinnoberrot, Karminrot, Kadmiumgelb hell, Saftgrün und Primärblau
- flacher Spachtel
- Malgel, glänzend

Aufbruch

Mit einem flachen Spachtel viele verschiedene Farben auf die Leinwand auftragen, dabei weiße Stellen vermeiden. Die Farben dürfen sich rhythmisch überschneiden und vermischen. Trocknen lassen. Nach dem Trocknen eine zweite Farbschicht in Titanweiß mit einigen Spuren Neapelgelb auflegen. Dabei an den Rändern beginnen und zur Mitte hin arbeiten. Einen Streifen in der Bildmitte nicht überarbeiten. Falls gewünscht, diesen Bruch mit Malgel glänzend überspachteln. Dies steigert die Kontrastwirkung.

Tipps & Tricks

- Erhabene Spachtelstrukuren unterstützen die Bildwirkung.

Blaue Berge

Die gelbe Farbe mit dem Borstenpinsel auftragen und waagerecht verstreichen. Den Pinsel auswaschen und im Folgenden frisches Wasser verwenden. Mit Blau den Himmel malen und ein wenig in das Gelb verstreichen. Blau und Weiß mischen und die hinteren Berge malen. Die mittlere Bergkette in reinem Blau gestalten. Die folgenden Berge in Blau-Schwarz und die vorderen in Schwarz malen.

FORMAT
20 cm x 20 cm

MATERIAL
- Maltuch vom Block, 30 cm x 40 cm
- Acrylfarben in Titanweiß, Mittelgelb, Ultramarinblau und Schwarz
- Borstenpinsel, Gr. 6

MALTECHNIKEN

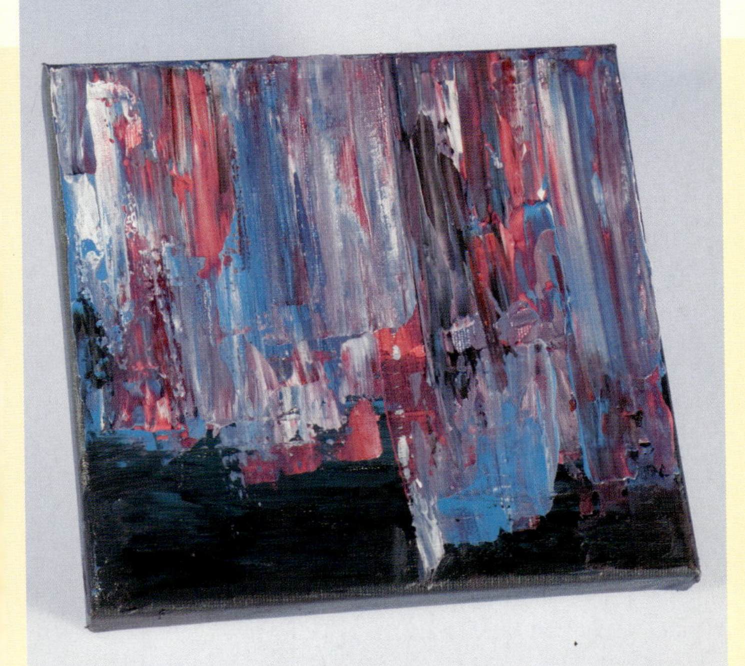

FORMAT
20 cm x 20 cm

MATERIAL
- Keilrahmen
- Acrylfarben in Weiß, Ultramarinblau, Primärrot und Paynesgrau
- Malmesser

Impasto

Wie auf Seite 30 erklärt, am unteren Bildrand mit Blau und Grau waagerechte Linien mit dem Malmesser ziehen und trocknen lassen. Mit der Seite des Malmessers verschiedene Farben aufnehmen und ebenfalls mit der Seite auf der Leinwand verstreichen. Dies ggf. mehrere Male wiederholen.

5 STRUKTUR & COLLAGE

Hinweis

◆ Viele Hersteller haben Startersets für Strukturpasten und -gele im Angebot. Greifen Sie zunächst zu solchen Sets, um den Umgang mit Pasten und Gelen zu üben.

Die Acrylfarbe in all ihren Ausführungen sowie alle Pasten und Gele auf Acrylbasis haben eine hohe Klebekraft. Im Unterschied zu anderen Werkstoffen wie z. B. Gips ist pastose Acrylfarbe sehr elastisch und kann deshalb bestens als Trägermasse auf Leinwand dienen. Pasten und Gele bieten zahlreiche weitere Möglichkeiten, die wir Ihnen im Folgenden vorstellen. Ob Sie glasig-transparente oder körnig-dichte Oberflächen schaffen wollen – durch Einsatz der jeweiligen Strukturpaste erreichen Sie jeden gewünschten Effekt. Steine, Muscheln, Sand, Stoff und andere Materialien können problemlos in die Acrylfarbe und die Pasten eingebettet werden. Und auch durch das Aufbringen zarter Papiere, z. B. für Papiercollage, Découpage und Serviettentechnik, lassen sich schöne Ergebnisse erzielen.

STRUKTURPASTEN und -GELE

Strukturpasten lassen sich als reliefartige Untergründe mit Spachteln aufbringen. Alle Pasten und Gele sind mit Farbe mischbar und können auch untereinander gemischt werden. Häufig wird auch eine erste Schicht als Grundierung aufgelegt. Im Folgenden präsentieren wir drei Beispiele für die Anwendung von Strukurpasten und -gelen. Die Vorgehensweise wird jeweils Schritt für Schritt erklärt.

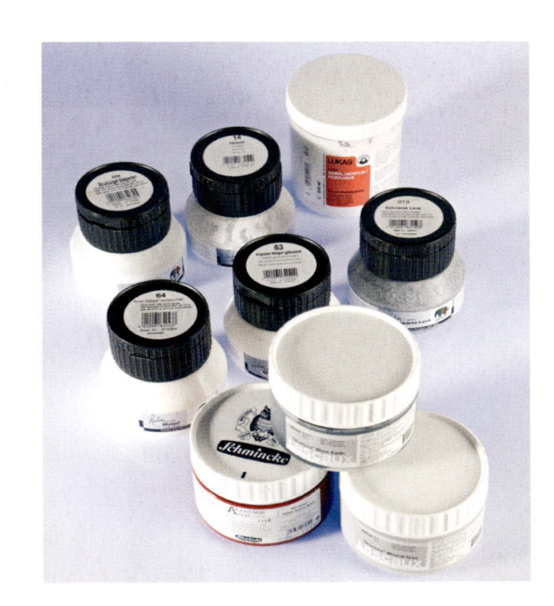

GLATTE STRUKTURPASTE

Schritt für Schritt erklärt

Feld abkleben

1 Glatte Pasten eignen sich besonders gut, wenn Sie feine Linien und Schrift einritzen möchten. Um die Felder, die Sie mit Strukturpaste bearbeiten wollen, abzugrenzen, können Sie eine Schablone verwenden oder, wie hier gezeigt, Klebeband einsetzen. Kleben Sie einen beliebig breiten Rand auf Ihrer Leinwand ab. Mit einem Kunststoffspachtel verteilen Sie die Strukturpaste in Ihrem Feld.

Einritzen und Materialien einkleben

2 Arbeiten Sie zügig und kratzen Sie anschließend Schrift in die feuchte Masse ein. Mit dem Zahnspachtel Strukturen aufbringen. Ist die Pastenschicht ausreichend dick, können auch Objekte und Materialien eingeklebt werden.

Bemalen

3 Die Trockenzeit der Strukturpaste hängt von der Dicke der Schicht und der Temperatur ab. Bis die Stellen durchgetrocknet sind, an denen sehr dicke Pastenschichten aufgelegt wurden, dauert es meist vier bis sechs Stunden. Nach dem Trocknen das Klebeband abziehen. Die Strukturpaste in Türkis, den Rand in Primärblau bemalen.

Tipps & Tricks

- Viele Dinge eignen sich, um Strukturpaste zu strukturieren: Folien, die Sie auflegen und wieder abziehen, alte Pinsel, Gabeln, Telefonkarten, Backschaber aus Silikon usw. Probieren Sie es aus!
- Wenn Sie eine sehr dicke Lage Strukturpaste benötigen, sollten Sie die Paste in mehreren Schichten auflegen, sonst kann es besonders bei glatten Massen zu Schrumpfungen und kleinen Rissen kommen. Leichtstrukturpaste eignet sich für dickere Schichten besonders gut.

Fortsetzung „Strutkurpasten und -gele“

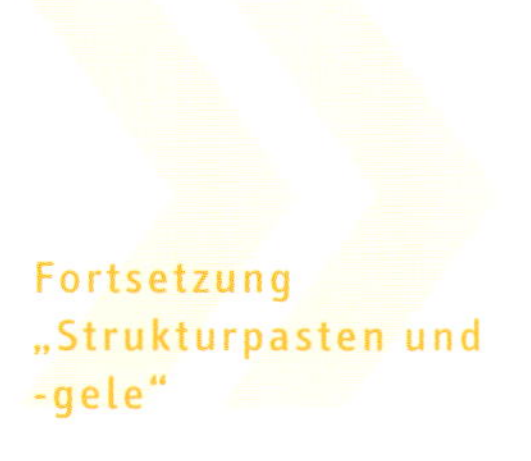

Fortsetzung „Strukturpasten und -gele“

Hinweise

- Um Grobsandpasten besser verarbeiten zu können, können sie mit feineren Pasten oder Gelen gestreckt werden.

- Strukturpaste mit Sand lässt sich durch Zugabe von Acrylmalmittel verdünnen. Grundsätzlich können Strukurpasten mit allen Malmitteln für die Acrylmalerei und mit Acrylfarbe gemischt werden. Sie lassen sich problemlos einfärben.

STRUKTURPASTE MIT SAND

Interessante Effekte können Sie mit Strukturpasten erzielen, in die Zusätze wie gereinigter Quarzsand, Metalloxidgranulate oder Glitter etc. eingerührt wurden. In der nebenstehenden Abbildung sind oben links und in der Mitte Strukturpasten mit Feinsand und mit Grobsand zu sehen. Im Vergleich mit den glatten Pasten ist der Auftrag körniger.

Schritt für Schritt erklärt

Strukturpaste aufspachteln

Strukturpaste mit Feinsand auf die Leinwand spachteln. Unterschiedliche Strukturen sind erwünscht. An einigen Stellen Strukturpaste mit Grobsand auflegen. Die Strukturpaste gut trocknen lassen.

Rand gestalten

Nach dem Trocknen auf den Rand ebenfalls Strukturpaste auflegen. Für den Aufstrich eignet sich ein flacher, breiter Colour shaper.

2

Bemalen

Über das vollständig durchgetrocknete Bild walzen Sie Siena gebrannt. Danach an einigen Stellen mit dem Schwamm Neapelgelb aufbringen. Mit der Farbgestaltung von Dunkel nach Hell unterstützen Sie die Reliefwirkung des Untergrundes.

STRUKTURGEL

Strukturgele trocknen meist flacher auf als Strukturpasten. Die Gele erhalten Sie als transparente Strukturgele, die Ihren Arbeiten einen glasigen Charakter verleihen. Strukturgele gibt es auch mit eingerührten Zusätzen, z. B. Quarzsand, Glasperlen, Polyesterfasern und Glitter. In der nebenstehenden Abbildung sehen Sie: Malgel glänzend, gemischt mit Farbe; Malgel glänzend; Schwarze Lava (oben von links nach rechts) sowie Strukturgel mit Glasperlen; Malgel seidenmatt; Hologramm-Glitter-Gel (unten von links nach rechts).

Hinweis

- Durch den Einsatz von Malgel mit Glitter haben Sie die Möglichkeit, tolle Glanzeffekte in Ihrem Bild zu erzielen.

Tipps & Tricks

- Kombinieren Sie glänzende und matte Partien in Ihrem Bild! Solche Kombinationen sind immer sehr reizvoll. Sie können entsprechende Effekte auch durch Bemalung mit Glanzlack bzw. Mattlack erreichen.

Schritt für Schritt erklärt

1 Farbe und Strukturgel auftragen

Türkis und Primärblau in Wellenform auf der Leinwand verteilen. Auf die noch nasse Farbe mit Strukturgel eine erhabene Wellenstruktur aufspachteln. Für die Wellen den Spachtel schräg halten. Die Farbe vermischt sich ein wenig mit dem Gel und erzeugt so dreidimensionale Effekte.

2 Farbe auf die erhabenen Stellen auftupfen

Nach dem Trocknen weiße Farbe auf die Wellenkämme auftupfen, um Gischt darzustellen.

Kombination Strukturpaste und -gel

Dieses Bild wurde mit Schablonentechnik gearbeitet (siehe Seite 47). Zuerst eine Schablone in Keilrahmengröße aus Pappe herstellen und einen Kreis ausschneiden. Malgel mit roter Farbe mischen und in das Kreisfeld spachteln. Nach dem Trocknen die Schablone abnehmen und um den Kreis herum Sandpaste auflegen. Die Sandpaste nach dem Trocknen mit grauem Acryllack überarbeiten.

Tipps & Tricks

- Als Collageelemente verwerten lassen sich auch alte Betttücher, Bettwäsche und Einkaufsbeutel aus Stoff. Kleine Stofffetzen können Sie direkt in feuchte Farbe oder Spachtelmasse eindrücken.

Hinweis

- Gerade Lasuren haften viel besser auf einem Gessogrund, Verläufe lassen sich besser anlegen und die Farbbrillanz ist stärker. Der handelsübliche Keilrahmen hat zumeist keine Grundierung, die für die Lasurtechnik geeignet ist.

COLLAGEN

Wie bereits erwähnt, eröffnen sich durch die besonderen Klebeeigenschaften des Mediums Acryl für den Anwender im Bereich der Collage unendliche Möglichkeiten. Leichtere Dinge können Sie mit Acrylfarbe auf der Leinwand befestigen. Um schwerere oder kompaktere Collagematerialien aufzubringen, können Sie Strukturpasten oder -gele einsetzen. Als Malgründe für schwere Collageelemente sind nicht elastische Holzuntergründe besser geeignet als Leinwände.

COLLAGE MIT STOFF

Schritt für Schritt erklärt

Stoff zuschneiden

1

Zum Aufkleben als Collageelement eignen sich fast alle nicht zu dicken und festen Stoffgewebe. Auf Grund ihrer farbsaugenden Eigenschaften sind Textilien aus Baumwolle und Baumwollmischungen ideal. Ein Papiermuster auf den Stoff legen, die Konturen aufzeichnen und das Stoffelement ausschneiden.

Stoff aufbringen

2

Mit Bleistift auf dem Keilrahmen die Stellen markieren, an denen der Stoff aufgeklebt werden soll. Den Stoffstreifen umgedreht auf eine Zeitung legen und mit Textilkleber, Leim oder Acrylbinder dick einstreichen. Auf die Markierungen legen und zurechtrücken. Luftblasen herausstreichen. Bei feineren Stoffen Falten in die Gestaltung mit einbeziehen.

Grundieren und Farbe auftragen

3

Die Stoffelemente gut antrocknen lassen. Für eine gleichmäßige Farbaufnahme das ganze Bild mit Gesso grundieren. Anschließend die Farblasur auflegen.

COLLAGE MIT ELEMENTEN AUS MODELLIERMASSE

Mit Modelliermasse lassen sich die verschiedensten dreidimensionalen Bilder gestalten. Für die anschließende Bemalung können Sie sowohl Künstlerfarben als auch Wanddekorfarben verwenden. Auch Wanddekorfarben mit Effektzusätzen ergeben schöne Wirkungen.

Schritt für Schritt erklärt

1 Figuren herstellen

Mithilfe eines Nudelholzes eine ca. 1 cm dicke Platte aus Modelliermasse herstellen und die gewünschten Figuren herausschneiden. Die Ränder mit einem Holzspachtel abrunden. Die Modelliermasse trocknen lassen.

2 Figuren aufkleben

Die Leinwand nun mit Strukturpaste überziehen. In die Paste die Figuren kleben. Höhenunterschiede zwischen Modelliermasse und Strukturpaste mit Strukturpaste ausgleichen.

3 Bemalen

Die Figuren und der Untergrund sehen nun aus, wie aus einem Stück gearbeitet.
Die Bemalung erfolgt nach dem Trocknen mit der kleinen Schaumstoffwalze und einer effektvollen Wanddekorfarbe.

Tipps & Tricks

- Wenn Sie kleinere Dinge aus Modelliermasse fertigen, müssen diese nicht separat trocknen, sondern können sofort in die feuchte Strukturpaste eingelegt werden.

- Wir empfehlen Ihnen, im Vorfeld immer Muster aus Papier herzustellen. Das gilt sowohl für die Collage mit Stoff als auch für die Collage mit Modelliermasse.

Hinweis

- Die Vorlagen für die beiden Figuren finden Sie auf Seite 113.

Fortsetzung „Collagen“

Fortsetzung „Collagen“

Tipps & Tricks

- Sie haben auch die Möglichkeit, die Collageteile einzeln zu bearbeiten und nach dem Trocknen mit Holzleim zusammenzukleben.

- Bilder im gespachtelten Papprahmen eignen sich wunderbar als Geschenk, vor allem wenn Sie statt des hier gezeigten Postkartenausschnitts ein Porträtfoto einkleben.

COLLAGE MIT FERTIGTEILEN

Vorgefertigte Teile aus Styropor oder leichter Pappe lassen sich für Collagen ebenfalls sehr gut einsetzen. Der große Vorteil: Sie haben im Handumdrehen ein effektvolles Bild gearbeitet und müssen keine Zeit in die Herstellung von Collageelementen investieren. Natürlich lassen sich noch viele andere Fertigteile in Collagen einarbeiten. Seien Sie kreativ und experimentieren Sie mit allem, was Ihnen geeignet erscheint!

Schritt für Schritt erklärt

1 Papprahmen spachteln und bemalen

Feinsandpaste auf den Papprahmen aufspachteln und trocknen lassen (siehe Seite 36). Nach dem Trocknen den Papprahmen auf Vorder- und Rückseite in der gewünschten Grundfarbe bemalen.

2 Papprahmen aufbringen

Auf die Leinwand Strukturpaste mit Feinsand spachteln. In die feuchte Spachtelmasse kann nun der bemalte Rahmen gedrückt werden.

3 Bemalen

Nach dem Trocknen erfolgt zunächst eine zarte Bemalung der Leinwand in Titanweiß und Neapelgelb. Den Papprahmen in Krapprot dunkel gestalten. Zum Abschluss noch eine zweite Schicht Neapelgelb mit dem Schwamm auf den Papprahmen tupfen und einen Postkartenausschnitt oder ein Foto einkleben.

COLLAGE MIT STRUKTURGELEN UND PAPIEREN

Besonders schöne Effekte erzielen Sie, wenn Sie Collageelemente aus Pappe und verschiedenen Papieren im Bild einsetzen und mit den im vorigen Kapitel erwähnten Strukturgelen mit Zusätzen wie Hologramm-Glitter und Schwarze Lava im Bild kombinieren.

Tipps & Tricks

- Wellpappe ist ein sehr interessantes Collagematerial. Sie eignet sich z. B. für die Gestaltung von Hausdächern besonders gut.

- Die Zeitungsschnipsel lassen sich statt mit der Acrylfarbe auch mit Acrylbinder aufkleben. In diesem Fall die goldene Acrylfarbe erst trocknen lassen, die Schnipsel Stück für Stück mit Acrylbinder einstreichen und aufkleben.

Schritt für Schritt erklärt

1 Papierschnipsel auflegen

Zunächst die Leinwand in Gold mit der Schaumstoffwalze grundieren. Zeitungspapier in Schnipsel reißen und die Zeitungsschnipsel auf der Leinwand fest andrücken.

2 Wellpappe aufkleben

Die Wellpappe schräg zuschneiden und nach dem Trocknen der Farbe mit Holzleim aufkleben.

3 Strukturgel auftragen

Nun die Collage dort, wo die Schnipsel aufgelegt wurden, mit Hologramm-Glitter überziehen. Auf die Wellpappe mit dem Pinsel Schwarze Lava auftragen. So entsteht ein interessanter Kontrast zwischen Alltagsmaterial und edlem Glanz.

Tipps & Tricks

- Seidenpapiere lassen sich auch mit Sprühkleber auf getrocknete Farbe kleben.

Hinweis

- Mithilfe von Seidenpapier und dünnen Stoffen lassen sich sehr gut Faltenwürfe gestalten. Experimentieren Sie auch einmal mit selbst gefärbter Seide, die einen ganz besonderen Glanz ins Bild bringt. Vor der Verarbeitung die Seide unbedingt fixieren!

SERVIETTENTECHNIK und DÉCOUPAGE

Dünne Papiere (z. B. die oberste Lage einer Papierserviette) können direkt auf die Acrylfarbe aufgelegt werden. Um Ausschnitte aus dünnen Papieren gleichmäßig anzudrücken, setzen Sie eine Schaumstoffwalze ein. Rollen Sie ganz vorsichtig und mit gleichmäßigem Druck über das Papier. Interessant kann es aber auch wirken, wenn Sie bewusst Papierfalten erzeugen. Tragen Sie zum Schutz Ihrer Papiere abschließend immer eine Schicht Acryllack auf.

DÉCOUPAGE MIT SEIDENPAPIER

Schritt für Schritt erklärt

Farbe aufrollen

Verwenden Sie einen Keilrahmen in der Größe 30 cm x 30 cm. Die Leinwand satt mit Primärrot walzen. Rotes Seidenpapier in der Größe 29 cm x 29 cm ausschneiden.

1

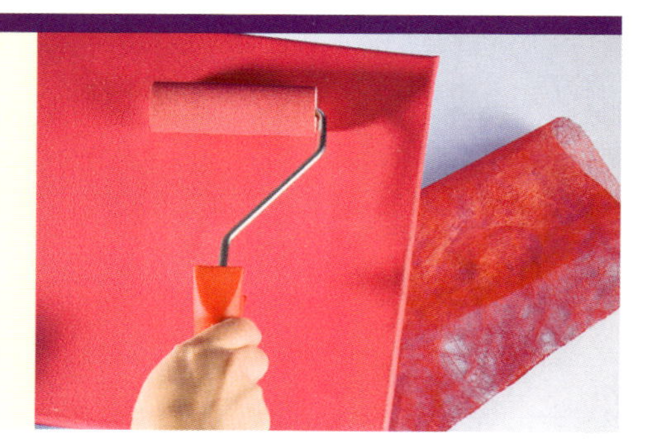

Seidenpapier aufkleben

Das Seidenpapier so auf die Leinwand kleben, dass es nicht übersteht. Vorsichtig mit dem Schwämmchen oder der Schaumstoffwalze festdrücken.

2

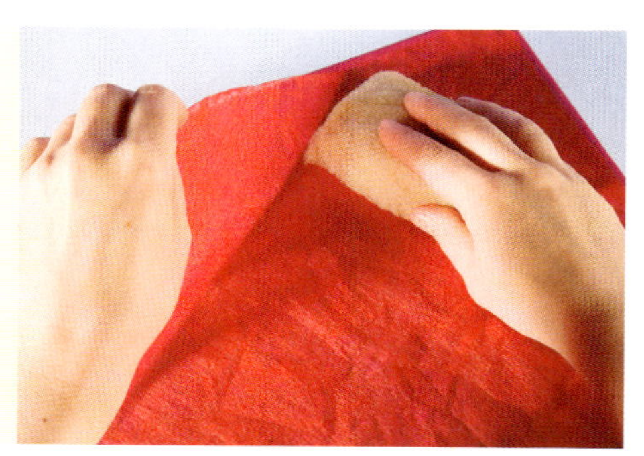

Faltenoptik

In einem weiteren Arbeitsschritt nun satt Acryllack aufrollen. Ein zweites Seidenpapier auflegen und mit den Fingern zusammenschieben, damit Falten entstehen. Auf diese einfache Weise erzielen Sie eine interessante Optik.

SERVIETTENTECHNIK

Mit der Serviettentechnik lassen sich verblüffende Ergebnisse erzielen. Auf die gemalte Grundierung werden die Serviettenmotive einfach aufgeklebt. Besonders geeignet sind strukturierte Untergründe mit Spachtelmasse oder Sand. Die feine Papierschicht der Serviette passt sich den Strukturen des Untergrundes an und wirkt wie gemalt.

Schritt für Schritt erklärt

Untergrund gestalten

Weiß und Ultramarin mischen und die Farbe mit dem Pinsel aufnehmen. Anschließend den Pinsel in Sand stupfen und einen schmalen Keilrahmen mit Farbe und Sand grundieren. Ultramarinblau mit etwas Paynesgrau und Wasser zu einer dunkelblauen, flüssigen Farbmischung verrühren. Einen ca. 5 cm breiten Lasurstreifen an der unteren Kante über die getrocknete Grundierung ziehen.

1

Serviettenmotive ausschneiden

Die Zitronen mit einer Schere aus den Servietten ausschneiden. Die oberste farbige Serviettenschicht vorsichtig von den unteren Lagen trennen. Nur diese hauchdünne Lage wird verwendet.

2

Serviettenmotive aufkleben

Die ausgeschnittenen Zitronen umdrehen, auf einer Unterlage mit Serviettenkleber bestreichen und sofort auf die vorgesehene Stelle kleben. Von oben mit Kleber betupfen und dabei vorsichtig Luftbläschen herausstreichen.

3

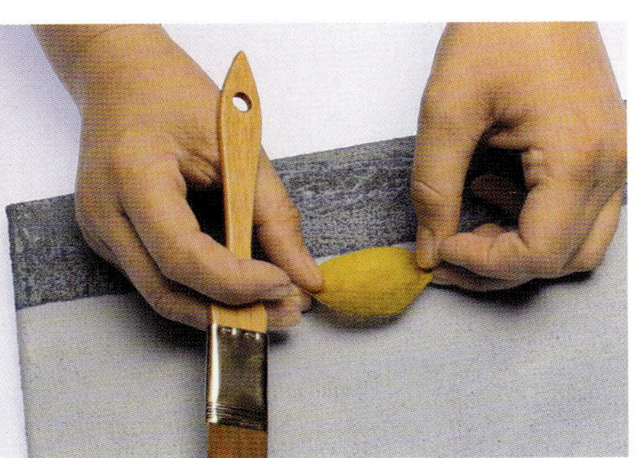

Schatten malen

Kleine dunkelblaue Schatten geben den Zitronen Halt. So wirken die Früchte fast wie gemalt.

Tipps & Tricks

- Halten Sie im Fachhandel Ausschau nach anderen Serviettenmotiven, die sich für eine Motivreihung oder -gruppierung eignen.

Hinweis

- Die Zitronen sehen auch toll aus auf einem pastellfarbenen Untergrund in Orange. Vermalen Sie ebenfalls etwas Sand, wenn Sie die Untergrundfarbe auftragen. Den unteren Streifen dann mit Siena gebrannt gestalten.

Frühling

Seidenpapier zuschneiden und die hochformatige Leinwand zweilagig bekleben. Die Kanten gelb streichen. Die kleinen Leinwände in Zitronengelb grundieren. Weiteres Seidenpapier für die kleinen Leinwände zuschneiden und sofort auf die Farbe kleben. Nach Belieben in zweiter Lage einen Streifen aufkleben. Trocknen lassen. Nun die kleinen Keilrahmen mit Strukturpaste transparent mit der großen Leinwand verbinden. Trocknen lassen. Zuletzt Farbspuren aus der Flasche auf die Leinwand setzen, die mit den Fingern zu Blättern verzogen werden. Mit einer kleinen Walze die Gelbfärbung auf der obersten Schicht an einigen Stellen noch verstärken.

FORMAT
70 cm x 20 cm

MATERIAL
- Keilrahmen
- 3 Keilrahmen, je 10 cm x 10 cm
- Acrylfarbe in Zitronengelb
- Strukturpaste transparent mit Glasperlen
- Acryllack
- Seidenpapier mit Streifen und Blüten von der Rolle
- kleine Schaumstoffwalze
- Schere

IDEENINSEL

FORMAT
60 cm x 100 cm

MATERIAL
- Keilrahmen
- Acrylfarben in Türkis, Kobaltblau, Goldocker und Titanweiß
- Strukturpaste Grobsand
- Strukturpaste Feinsand
- transparentes Strukturgel
- Muscheln und Steinchen
- Acryllack und Weißleim
- Schaumstoffwalze
- Spachtel
- Schwamm

VORLAGE
Seite 113

Meeresstrand

Das Meer mit verdünnter Farbe in Türkis und Kobaltblau anlegen. Auf die noch feuchte Farbe Strukturgel in Wellenform auftragen (siehe Seite 37). Den Strand mit feiner Sandstrukturpaste anlegen. Am Rand grobe Sandpaste untermischen. Nach dem Trocknen den Strand mit verdünnter Acrylfarbe in Ocker überziehen, in die kleine Steinchen gestreut werden. Noch etwas weiße Farbe mit dem Schwamm auf den Saum des Strandes auftupfen. Das Meer mit Acryllack überziehen, um das Wasser zu betonen. Zum Schluss noch ein paar Muscheln mit Weißleim aufkleben.

Fuerteventura

Die herzförmigen Steine stammen aus Fuerteventura. Natürlich können Sie stattdessen auch Muscheln verwenden. Die Leinwand zuerst mit Feinsandpaste überziehen. Schwarze Lava darüber legen. Anschließend die Steine in die nasse Paste drücken bzw. streuen. Trocknen lassen. Nach dem Trocknen die Seiten mit blauer Farbe und transparentem Strukturgel bearbeiten. Erneut trocknen lassen. Zuletzt das Bild noch einmal mit Schwarzer Lava, gemischt mit Silber, überziehen. Für den Auftrag verwenden Sie einen Schwamm oder eine kleine Walze.

FORMAT
18 cm x 25 cm

MATERIAL
- Keilrahmen, 4 cm tief
- Acrylfarbe in Silber und Kobaltblau
- Strukturpaste Feinsand
- Schwarze Lava
- transparentes Strukturgel
- herzförmige Steine und kleine Steinchen
- Schaumstoffwalze oder Schwamm

STRUKTUR & COLLAGE

FORMAT
50 cm x 50 cm

MATERIAL
- Keilrahmen
- Acrylfarbe in Neapelgelb, Titanweiß und Krapprot
- Strukturpaste Feinsand
- Papprähmchen und Postkartenausschnitt (Engel)
- Hologramm-Glitter
- Sprühkleber
- Schaumstoffwalze
- Spachtel
- Schwamm

Engel

Das Papprähmchen spachteln, sodass es wirkt, als würden sich die Wolken des Bildes auf dem Rahmen fortsetzen. Danach die Leinwand mit Feinsandpaste gestalten, die bogenförmig (ebenfalls passend zu den Wolken des Bildes) aufgebracht wird. Dort, wo das Rähmchen aufgesetzt werden soll, die Paste etwas dicker auftragen. Anschließend den Rahmen in die Paste eindrücken. Nach dem Trocknen die Ecken und Vertiefungen mit Neapelgelb und Krapprot bemalen. Größere Flächen walzen. Die Wolken mit Weiß walzen. Hologramm-Glitter partiell auftragen. Zuletzt das Engelsbild mit Sprühkleber oder Acryllack in die Rähmchenvertiefung kleben.

6 BESONDERE TECHNIKEN

In den letzten beiden Kapiteln haben Sie bereits zahlreiche Möglichkeiten kennen gelernt, Acrylfarbe zu verarbeiten. Aber das war noch längst nicht alles! Die Farbe lässt sich so wunderbar handhaben, dass beinahe jede Maltechnik damit umgesetzt werden kann.
Abklatsch- und Spritztechnik regen zur Kreativität an; seien Sie mutig und experimentieren Sie! Lassen Sie sich zum Sgraffito inspirieren und arbeiten Sie kreativ mit Schablonen. Besonders interessante Effekte erzielen Sie außerdem durch Mischtechniken mit anderen Malmedien.
Die Beispiele, die wir Ihnen hier vorstellen, können nur einen kleinen Einblick geben in die Welt der Acrylfarben und lassen vielleicht erahnen, welche Fülle von weiteren Möglichkeiten sich bietet. Treten Sie ein und lernen Sie diese Welt Schritt für Schritt kennen!

Hinweis

◆ Das nebenstehende Bild ist in Spritztechnik gemalt, kombiniert mit Schablonentechnik (siehe Seite 53). Hierfür wird eine Schablone in Form von Berg und Tal aus Papier angefertigt. Die Schablone auflegen, die gewünschte Farbe aufspritzen, die Schablone verschieben und wiederum Farbe aufspritzen.

Arbeiten mit SCHABLONEN

Das Arbeiten mit Schablonen eignet sich sowohl für Bilder mit grafischer Anmutung als auch für Spachtelbilder, die exakt gestaltet werden sollen. Möchten Sie Schablonen selbst herstellen, greifen Sie zu Pappen, glatten, etwas stärkeren Papieren oder Kunststofffolien.

Schritt für Schritt erklärt

1 Schablonen zuschneiden

Die Leinwand in Kadmiumgelb dunkel grundieren und trocknen lassen. Anschließend mit dem Cutter die gewünschten Motive (hier Herzen) aus Folie oder Pappe zuschneiden. Schneiden Sie exakt und lösen Sie das ausgeschnittene Herz vorsichtig aus der Folie oder Pappe, damit sowohl der Herzausschnitt als auch die umgebende Fläche als Positiv- bzw. Negativschablone verwendet werden kann.

2 Positivschablone

Das Herz auflegen und ggf. mit doppelseitigem Klebeband leicht fixieren. Mit der Schaumstoffwalze eine Lasur in Zinnoberrot hell auflegen und trocknen lassen.

3 Negativschablone

Die umgebende Papp- oder Folienfläche etwas versetzt auflegen und diese Negativschablone mit Karminrot füllen.
Nach dem Trocknen die Schablone vorsichtig entfernen und die Ränder ggf. mit einem Pinsel korrigieren.

Tipps & Tricks

- Um Schablonen zuzuschneiden, sollten Sie immer einen Cutter verwenden. Arbeiten Sie mit der Schere, werden die Schnittkanten weniger glatt ausfallen. Legen Sie beim Schneiden mit dem Cutter immer eine Schneidematte unter, damit Sie Ihren Arbeitstisch nicht beschädigen.

- Für erhabene Strukturen verwenden Sie Schablonen aus dickerer Pappe. Die Vorlage für diese Birne finden Sie auf Seite 112.

Hinweis

- Die Vorlage für die Herzschablone finden Sie auf Seite 112.

HERAUSSAUGEN von Farbe

Tipps & Tricks

- Pastellkreide erzeugt beim Überwalzen Farbspuren, da sie sich in Wasser anlöst. Wenn Sie hingegen für die Vorzeichnung Bleistift oder Ölpastellkreide verwenden, löst sich der Strich nicht an, da diese Materialien das Wasser abstoßen.

Hinweis

- Die Vorlage für die Kanne finden Sie auf Seite 113.

Mit Schaumstoffwalze oder Schwamm haben Sie nicht nur die Möglichkeit, Farbe aufzutragen. Sie können auch feuchte Farbe vom Bild abnehmen und dadurch interessante Effekte erzeugen. Auf homogene Flächen können Sie mit dem Pinsel Wasser aufsetzen, das Sie anschließend mit Walze oder Schwamm wieder absaugen. Diese Technik, die sehr an die Aquarellmalerei erinnert, erfordert etwas Übung.

Schritt für Schritt erklärt

1 Vorzeichnung

Mit blauer Pastellkreide eine Kanne auf die Leinwand zeichnen und mit Chromoxidgelb über das Bild walzen.

2 Wasserspuren auflegen

In die noch nasse Farbe von der Lichtseite kommend mit dem Pinsel einige Wasserspuren legen. Diese einige Sekunden einwirken lassen.

3 Farbe heraussaugen

Die Walze, die Sie in Schritt 1 verwendet haben, etwas auswalzen und damit das Wasser aufnehmen. Verwenden Sie keine trockene Schaumstoffwalze, da diese zu viel Flüssigkeit aufsaugen würde. Probieren Sie am gleichen Motiv auch das Heraussaugen mit einem Stück Spitze. Wenn Sie diese auf die noch nasse Leinwand drücken, nimmt sie ebenfalls Farbe auf und sorgt für tolle Effekte.

METALLEFFEKTE

Wenn Sie Metalleffekte in Ihr Bild einbringen wollen, haben Sie verschiedene Möglichkeiten. Es gibt z. B. Acrylfarben in vielen verschiedenen Metallictönen (Gold, Silber, Kupfer etc.), die genauso verarbeitet werden wie alle anderen Farben. Außerdem können Sie jeder Farbe Metallicpulver hinzufügen. Das Pulver verbindet sich mit der Farbe und verläuft darin. Eine andere Variante ist das Aufkleben von Metallblechen, die es in vielen Farben, als so genanntes Drückblech, im Handel gibt. Mit Hilfe von Kraftkleber oder Strukturpasten wird die Folie auf dem Untergrund befestigt (siehe auch Ideenpool Seite 104). Außerdem können Sie Metallicfolie (Blattmetall) im Bild einsetzen. Wie – das zeigen wir Ihnen unten Schritt für Schritt.

Schritt für Schritt erklärt

Untergrund bemalen

1

Den Untergrund mit Primärrot und etwas Weiß zweimal grundieren und trocknen lassen. Drei Streifen Klebefilm auflegen und die Bildfläche mit Blau in der Trockenpinseltechnik überarbeiten. Hierbei nur wenig Farbe aufnehmen und diese mit Druck auf dem Untergrund verreiben. Nach dem Trocknen das chinesische Zeichen für Glück aufzeichnen und den Klebefilm abziehen.

Anlegemilch auftragen und Metallicfolie auflegen

2

Die Anlegemilch dick auf das chinesische Zeichen auftragen und mehrere Stunden trocknen lassen. Die weiße Anlegemilch trocknet transparent auf. Die Metallicfolie auf den Kleber auflegen und mithilfe eines weichen Tuches oder eines Haarpinsels andrücken. Beim anschließenden Abziehen der Folie bleibt die Metallicschicht auf dem Kleber haften.

Fertigstellung

Den Vorgang ggf. mehrere Male wiederholen, bis alle gewünschten Flächen mit Metallicfolie überzogen sind. Einzelne Folienpartikel in den Zwischenräumen vorsichtig mit dem Pinsel entfernen. Durch den Metalleffekt wird das Bild zum Hingucker.

Tipps & Tricks

- Verpackungen bestehen oftmals aus interessanten Metallfolien, die sich in der Malerei verarbeiten lassen. Achten Sie beim nächsten Lebensmitteleinkauf einmal darauf.

Achtung!

Die Verwendung von Metallfarbe reicht nicht aus, um einen metallenen Gegenstand realistisch darzustellen.

Hinweis

- Die Vorlage für das chinesische Zeichen für Glück finden Sie auf Seite 129.

Hinweise

- Bei dieser Technik ist die Vorbereitung wichtig. Das Malen bzw. Kratzen muss dann ganz schnell gehen.

- Die Technik des Sgraffito kennen Sie sicher noch aus Ihrer Schulzeit. Kinder malen bunte Bilder mit Wachsmalkreide und bedecken diese mit schwarzer Farbe. Anschließend wird das eigentliche Motiv in die schwarze Farbe gekratzt und der bunte Untergrund tritt hervor.

- Die Vorlagen für die Tierformen finden Sie auf Seite 129.

SGRAFFITO

Sgraffiare (ital. kratzen, ritzen) bedeutet, dass einzelne Teile aus verschiedenfarbigen, übereinander liegenden, frischen Putzlagen herausgekratzt werden. Sgraffito ist also im Grunde keine Mal-, sondern eine Kratztechnik. Das Prinzip ist einfach. Auf einen vorgemalten Grund wird Acrylfarbe oder Strukturpaste aufgetragen. Aus der feuchten oberen Fläche werden mithilfe von Messern, Kratzeisen oder Colour shapern Flächen und/oder Linien herausgekratzt, sodass die untere Farbfläche wieder zum Vorschein kommt. Solche Arbeiten können malerischen oder zeichnerischen Charakter haben. Durch Einsatz von Metalleffekten im Untergrund ist ein sehr dekoratives Ergebnis möglich.

Schritt für Schritt erklärt

Grundieren und Strukturpaste auftragen

Die Leinwand mit einer Mischung aus Braun und Schwarz grundieren und trocknen lassen. Strukturpaste Stucco mit dem Malmesser oder den Fingern auf dem Untergrund verstreichen.

Formen herauskratzen

Mit dem Malmesser oder Colour shaper die einfachen Tierformen herauskratzen. Die dunkle Untergrundfläche tritt wieder hervor.

Weitere Bildgestaltung

Das Bild mit weiteren Linienzeichnungen gestalten. Dabei schnell arbeiten, da die Strukturpaste in ca. 15 Minuten trocknet.

DRUCK- und ABKLATSCHTECHNIK

Viele Materialien (Styropor, Wellpappe, Holz, Folie etc.) lassen sich abdrucken oder abklatschen. Schritt für Schritt erfahren Sie im Folgenden, wie im Handumdrehen ein Musterdruck mit Styropor hergestellt werden kann.

Schritt für Schritt erklärt

Styropor zuschneiden

Styroporstreifen in passender Größe zuschneiden. (Die Streifen lassen sich oft auch im Verpackungsmüll entdecken.) Je gröber die Kunststoffkügelchen im Styropor, desto mehr „Blasen" erscheinen im Druck. Auch kleine Löcher und Risse schaden nicht; sie machen das Ergebnis interessanter.

1

Farbe auftragen

Reichlich Farbe mit wenig Wasser zu einem geschmeidigen Farbbrei verrühren. Mit einem Flachpinsel die Farbe großzügig und satt auf den Druckstock geben. Mit dem Pinsel kreuz und quer streichen, um die Farbe gleichmäßig zu verteilen.

2

Druckstock auflegen

Den Styroporstreifen auf die gewünschte Stelle auflegen und mit beiden Händen gleichmäßig andrücken. Dabei einige Sekunden kräftigen Druck ausüben. Der Styroporstreifen biegt sich dabei etwas und passt sich der Leinwandoberfläche des Keilrahmens gut an.

3

Mit verschiedenen Farben drucken

Für jede Farbe ein separates Stück Styropor benutzen. Wenn Sie eine Farbe überdrucken, sollte die untere schon getrocknet sein.

Hinweise

- Der Abklatsch unterscheidet sich etwas vom Abdruck, da die strukturierte Oberfläche nicht durch den Druckstock gebildet wird, sondern beim Abziehen des Materials entsteht. Für den Abklatsch einfach das biegsame Material (z. B. Pappe, Papier oder Folie) dick mit Farbe bestreichen, umgedreht auf den Keilrahmen legen, ganz leicht überall andrücken und von einer Ecke ausgehend wieder abziehen.
- Das Abklatschen funktioniert auch umgekehrt, indem Sie die Bildfläche mit Farbe bestreichen, Folie oder Papier auflegen, leicht andrücken und wieder abziehen.

Tipps & Tricks

- Drucken Sie alternativ auch auf einen leicht farbig getönten Keilrahmen.

Tipps & Tricks

- Dicht an dicht gesetzte Elemente in der Holzleimtechnik vermeiden. Sobald Punkte oder Linien einander berühren, verbinden sie sich zu einer Form.
- Die Holzleimtechnik eignet sich auch, um Schrift abzubilden. Sie ist ideal, um weiche, geschwungene, nicht zu filigrane Formen ins Bild zu bringen.
- Auch sehr dekorativ: Pünktchen- und Tüpfelmuster, angelegt mit Holzleim.

Hinweis

- Dass sich die Holzleimtechnik auch für andere kreative Tätigkeiten eignet, können Sie im Kapitel „Bilderrahmen gestalten“ auf Seite 58 nachlesen.

EINFACHE MISCHTECHNIK

Ein großer Vorteil der Acrylfarbe ist, dass man sie gut mit anderen Malmedien kombinieren kann. Auf diese Weise können viele interessante und effektvolle Arbeiten in Mischtechnik entstehen. In unserem Beispiel haben wir keine andere Farbe wie Ölpastellkreide oder Aquarellstift verwendet, sondern Holzleim eingesetzt.

Schritt für Schritt erklärt

1 Vorlagen übertragen

Machen Sie erste Versuche auf einer Pappe. Zeichnen Sie ein Motiv auf und fahren Sie die Linien mit Holzleim aus der Tube nach. Wenn Sie ein Gefühl für Ihr Malmedium entwickelt haben, können Sie starten. Übertragen Sie die Vorlage mit Bleistift auf den Keilrahmen.

2 Holzleim auftragen

Die Linien der Vorzeichnung mit Holzleim direkt aus der Tube oder Flasche nachfahren. Der Leim läuft noch ein bisschen auseinander, daher nicht zu kleinteilig arbeiten. Wenn etwas ganz und gar misslingt, den Leim mit einem feuchten Papiertuch wegwischen.

3 Leimauftrag fortsetzen

Erscheint eine Linie zu dünn, kann man sie mit einer darüber gelegten verstärken. Solange der Leim noch flüssig ist, fließen die Linien zusammen. Die Leimflasche ruhig und gleichmäßig über die Fläche führen. Den Holzleim gut durchtrocknen lassen. Sobald er transparent wird, hat er seine Festigkeit erreicht. Die noch sichtbaren Bleistiftlinien der Vorzeichnung wegradieren.

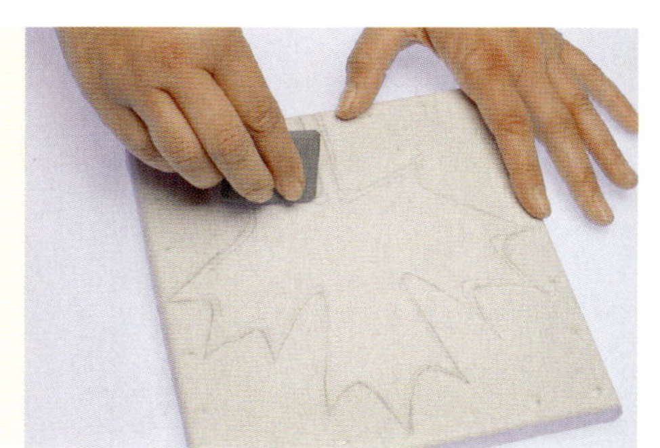

4 Bemalen

Den Keilrahmen jetzt gemäß Foto deckend bemalen. Eine Lasur als Finish betont die plastische Wirkung der Leimstruktur. Die Farbe sammelt sich in den Vertiefungen, die erhabenen Stellen der Leimzeichnung erscheinen heller.

SPRITZTECHNIK

Sicher kennen Sie Bilder von Jackson Pollock, der die Farbe auf die Leinwand auftropfen ließ und durch dieses so genannte Dripping interessante Farbrhythmen schuf. Ähnlich arbeiten Sie mit der Spritztechnik, die wir Ihnen im Folgenden vorstellen.

Schritt für Schritt erklärt

Untergrund und Schablonen vorbereiten

1

Den Arbeitsplatz gründlich mit Zeitungspapier abdecken. Den Untergrund mit einer Mischung aus Weiß, Grün und Blau gestalten. Dabei von unten nach oben heller werden. Die Etiketten Ihres Lieblingsweines oder -sektes in Wasser von der Flasche lösen und mit Klebstoff auf die Leinwand kleben. Positivschablonen für eine Flasche und zwei unterschiedlich große Gläser zuschneiden.

Erste Farbschicht aufspritzen

2

Die Flasche und das kleine Glas mit Klebefilmstreifen auf dem Untergrund befestigen und mit einer Zahnbürste oder einem Borstenpinsel flüssige weiße Farbe aufnehmen. Pinsel oder Bürste über ein Spritzsieb streichen. Es entstehen viele Sprühpunkte auf dem Untergrund. Dort, wo die Schablonen liegen, bleibt der Untergrund grün.

Zweite Farbschicht aufspritzen

3

Die Schablonen abnehmen und die große Glasschablone mittig fixieren. Mit verdünntem Blau und Schwarz um die Schablone herumspritzen.

Fertigstellung

Die Schablone abnehmen und die Bildwirkung prüfen. Manche Stellen im Bild mit dem Pinsel „ausbessern“, d. h., die Ränder mithilfe von Pinsel und flüssiger Farbe stärker konturieren.

Achtung!

Flächen, die frei bleiben sollen, immer sorgfältig abdecken.

Tipps & Tricks

- Mit Spraydosen oder einer Spritzpistole lassen sich größere Formen bearbeiten.

Hinweis

- Die Vorlagen für das Schritt für Schritt gezeigte Bild finden Sie auf Seite 114.

Herz im Quadrat

Das Motiv auf die Leinwand übertragen. Die Vorzeichnung mit dem Holzleim direkt aus der Flasche nachziehen. Dabei nicht zu exakt vorgehen. Den Holzleim gut durchtrocknen lassen. Jedes Farbfeld für sich anlegen. Dabei zuerst nur weiße Farbe auftragen und anschließend die jeweilige Schmuckfarbe mit zügigen Pinselstrichen verteilen. Die Schmuckfarbe verbindet sich mit dem Weiß zu weichen Farbverläufen.

Tipps & Tricks

- Die Musterquadrate einzeln auf kleine Keilrahmen in der Größe 20 cm x 20 cm übertragen. Wunderschön als kleine Mitbringsel!

FORMAT
40 cm x 40 cm

MATERIAL
- Keilrahmen
- Acrylfarben in Titanweiß, Kadmiumgelb dunkel, Kadmiumorange, Zinnoberrot und Karminrot
- Holzleim in einer Kunststoffflasche mit schmaler Tülle
- Flachpinsel

VORLAGE
Seite 114

IDEENINSEL

FORMAT
80 cm x 60 cm

MATERIAL
- leinwandbeschichtete Malpappe, 60 cm x 80 cm
- 2 leinwandbeschichtete Malpappen, 30 cm x 40 cm
- Acrylfarben in Primärblau, Türkis, Ultramarinblau und Silber
- Holzleim
- Pinsel
- Schwamm
- weicher Bleistift

VORLAGE
Seite 115

Schneckenhäuser

Die beiden Malpappen im kleinen Format aneinander legen und die Schneckenformen mit einem weichen Bleistift gut sichtbar aufzeichnen. Primärblau, Türkis und Ultramarinblau auftragen. In die nasse Farbe Wassersprenkel sowie Farbverstärkungen mit dem Pinsel setzen. Die Wassersprenkel mit dem Schwamm wegsaugen. Ebenso auf den Wölbungen der Schneckenhäuser Farbe absaugen. Nach dem Trocknen erhabene Spuren in Silber aufspritzen. Nun die große Malpappe in Blau grundieren. Am nächsten Tag mit Holzleim die kleinen Formate aufkleben. Eine Silberleiste aus dem Rahmenfachgeschäft setzt diese Komposition erst so richtig in Szene (siehe Seite 56).

Frauenakt

Die Leinwand mit glatter Strukturpaste strukturieren. Dabei die Paste mit gleichmäßigen Bewegungen auflegen. Gut trocknen lassen. Die Vorlage auf die Leinwand übertragen oder eine weibliche Person vor der Leinwand platzieren. Mit Hilfe einer starken Lichtquelle einen Schatten erzeugen und die Kontur mit einem weichen Bleistift auf die Leinwand übertragen. Nun die Zeichnung mit Wanddekorfarbe überrollen. Nach dem Trocknen der ersten Farbschicht die Kontur des Frauenaktes mit Farbe nacharbeiten und eine zweite Schicht Farbe auf den Frauenkörper aufrollen.

FORMAT
90 cm x 70 cm

MATERIAL
- Keilrahmen
- Wanddekorfarbe Terra
- glatte Strukturpaste
- Kunststoffspachtel
- Borstenpinsel
- Schaumstoffwalze
- weicher Bleistift

VORLAGE
Seite 114

BESONDERE TECHNIKEN

FORMAT
jeweils 30 cm x 30 cm

MATERIAL
- Keilrahmen
- Acrylfarben in Chromoxidgelb mittel, Chromoxidgelb hell, Chromoxidgelb dunkel, Gelbgrün, Hookersgrün, Saftgrün, Karminrot und Zinnoberrot
- Styroporstreifen, ca. 8 cm breit und 32 cm lang
- Flachpinsel

Bilder in Abklatschtechnik

Im ersten Druckvorgang die Keilrahmen jeweils mit drei Längsstreifen bedrucken. Zwischen den Farbflächen einen weißen Streifen stehen lassen. Für das untere Bild die Farben Chromoxidgelb mittel, Gelbgrün und Hookersgrün verwenden. Für das obere Bild helles und dunkles Chromoxidgelb sowie Karminrot einsetzen. Trocknen lassen und um 90 Grad drehen. Wieder jeweils drei Streifen drucken. Die Farbstreifen überkreuzen sich jetzt. Mit der schmalen Kante eines Styroporstreifens noch Streifen in Saftgrün und Zinnoberrot in die weißen Zwischenräume der jeweiligen Bilder drucken.

7 FIRNIS UND RAHMUNG

Endlich ist es so weit! Sie haben Pinsel und Rolle niedergelegt und sind mit sich und Ihrem Bild zufrieden. Aber so ganz fertig sind Sie noch immer nicht. Denn ein Acrylbild sollte nach dem vollständigen Durchtrocknen noch versiegelt werden, damit es gegen Schmutz u. Ä. geschützt ist. Ein Firnis trägt mit dazu bei, dass Sie noch viele Jahre Freude an Ihrem Acrylbild haben werden. Und last but not least sollten Sie sich Gedanken über die Rahmung Ihres Bildes machen. Bei Acrylbildern auf Keilrahmen können Sie die Kanten mitgestalten. In einem solchen Fall ist natürlich kein zusätzlicher Rahmen vonnöten. Ein Bild kann jedoch durch einen Rahmen, der für sich gesehen eindrucksvoll wirkt oder die Bildwirkung unterstreicht, noch zusätzlich belebt werden. Informieren Sie sich im Folgenden über Möglichkeiten der Rahmengestaltung und berücksichtigen Sie die Ratschläge im Hinblick auf Firnis und Rahmung.

Rahmen, der die Bildwirkung unterstützt

Das Bild
FIRNISSEN

Ein Schutz gegen Umwelteinflüsse (Klima, Wasser, Schmutz, Nikotin usw.) wird durch eine Schlussversiegelung der Bilder erreicht. So können Schmutzablagerungen auch nach Jahren noch leicht abgewaschen werden. Außerdem eignet sich ein Firnis, um Glanzunterschiede zwischen den Farben auszugleichen und einen gleichmäßigen Glanz zu erhalten. Die Leuchtkraft der Farben wird durch Firnis erhöht.

Firnisauftrag mit dem Pinsel

Firnis ist ein farbloser, elastischer Schutzüberzug, der gilbungsfrei und alterungsbeständig ist. Es gibt matten, seidenmatten und glänzenden Acrylharz-Firnis. Firnis lässt sich gut mit einem sauberen Pinsel auftragen. Der Auftrag sollte dünn und gleichmäßig sein. Der Pinsel kann anschließend mit Terpentinersatz, Pinselreiniger oder Nitroverdünnung gereinigt werden.

Sprühfirnis

Verwendet man neben Acrylfarben noch andere, vor allem nicht wasser- und lösungsmittelfeste Elemente (Lackstifte, Kreiden, Collagematerial etc.), empfiehlt sich ein Sprühfirnis. Mit einem Sprühabstand von ca. 30 cm das fertige Bild kreuzweise dünn besprühen. Das Sprühen nach dem Trocknen so oft wiederholen, bis ein gleichmäßiger Glanz erreicht ist. Ob Sie glänzenden oder matten Firnis einsetzen, bleibt Ihnen überlassen.

Achtung!

Terpentinersatz und Universalverdünnung nie ins Grundwasser schütten! Geben Sie die Flüssigkeit auf ein Haushaltstuch und lassen Sie es an der Luft trocknen. Anschließend das Tuch entsorgen.

Hinweis

- Ein Acrylbild lässt sich auch durch einen Überzug mit Acryllack schützen. Acryllack können Sie mit der Schaumstoffwalze auftragen. Dabei zügig arbeiten, um ein Verkleben zu verhindern. Sollten sich Bläschen bilden, können Sie Abhilfe schaffen, indem Sie das Bild zum Schluss kurz föhnen.

Hinweis

- Bevor Sie Ihrer Kreativität freien Lauf lassen können, müssen Sie den Rohholzrahmen vorbereiten: Grundieren Sie zwei- bis dreimal mit Gesso, bis ein deckender Farbauftrag erreicht ist. Zwischen den einzelnen Anstrichen jeweils zwei bis drei Stunden trocknen lassen. Mit feiner Stahlwolle oder feinem Schmirgelpapier den Rahmen glätten.

Tipps & Tricks

- Hauchen Sie alten Rahmen mithilfe von Farbe neues Leben ein! Beachten Sie allerdings, dass der Rahmen vor dem Grundieren unbedingt sorgfältig angeschliffen werden muss. Bei Holzrahmen immer in Faserrichtung schleifen.

BILDERRAHMEN gestalten

Im Fachhandel werden zahlreiche unbehandelte Naturholzrahmen in verschiedenen Größen und Ausführungen angeboten. Interessant für Künstler und Hobbymaler sind die Rahmen mit einer Leistenhöhe ab ca. 30 mm und einer Falztiefe, die sich für Keilrahmengemälde eignet. Viele der im Buch vorgestellten Maltechniken lassen sich auch für die Rahmengestaltung anwenden.

Schritt für Schritt erklärt

1 Muster entwerfen

Kartonstreifen in Rahmengröße zuschneiden und mit Bleistift und Lineal grafische Muster aufzeichnen. Probieren Sie auch einmal aus, den Holzleim frei und ohne Vorlage in verschiedenen Mustern aufzutragen.

2 Holzleim aufstragen

Den Entwurf auf die Rahmenleisten übertragen. Die Linien mit Holzleim nachziehen. Die Leimzeichnung anschließend einige Stunden trocknen lassen.

3 Freie Linien auftragen

Mit dem Leim spontane, freie Linien auf den Rahmen zeichnen. Dabei die Flasche führen, als wolle man schreiben. Eine Musterung, einem Dripping ähnlich, entsteht. Gut durchtrocknen lassen.

4 Farbe auftragen

Den Rahmen in der gewünschten Farbe deckend grundieren. Trocknen lassen. Aus der Grundfarbe eine Lasur anrühren und den Rahmen damit überziehen. Das betont die Plastizität der Leimzeichnung. Nach dem gründlichen Durchtrocknen als Schutz Acryllack aufsprühen.

Das fertige BILD RAHMEN

Da die Leinwand nicht mehr an der Keilrahmenseite befestigt ist, kann die Kante mitgestaltet werden. In einem solchen Fall ist eine Rahmung nicht erforderlich. Haben Sie die großen XL-Keilrahmen verwendet, werden Sie im Handel keine entsprechend tiefen Rahmen finden. Für kleinere Keilrahmen erhalten Sie sowohl in Gehrung geschnittene Holzleisten, die zusammengefügt werden können, als auch fertige Rahmen in DIN-Formaten, die in großer Stückzahl hergestellt werden und deshalb häufig preiswerter sind. Die Rahmenleisten bestehen aus abgelagertem Edelholz und verziehen sich nicht mehr. Neben ganz schlichten Rahmen erhalten Sie auch vergoldete oder rustikale Holzprofile. Für welchen Rahmen Sie sich entscheiden, hängt vom persönlichen Geschmack ab und ist natürlich auch eine Preisfrage. Achten Sie aber darauf, dass Ihr Rahmen das Bild nicht „erschlägt", und tragen Sie dafür Sorge, dass der Blick des Betrachters nicht vom Bild auf den Rahmen abgelenkt wird.
Wir empfehlen Ihnen, Rahmenleisten nicht selbst auf Gehrung zu schneiden. Dies ist nur angeraten, wenn Sie sehr geübt sind und eine hochwertige Gehrungssäge besitzen. Bei einfachen Gehrungssägen splittern kleinste Holzteilchen ab und machen die Kante unansehnlich.

Schritt für Schritt erklärt

1 Senkrechte Leisten

Eine einfache Form der Rahmung besteht in ausreichend breiten Holzleisten, die in jedem Baumarkt zu bekommen sind. Die senkrechten Bildschenkel passend zuschneiden und mit kleinen Nägelchen durch die Leiste am Bildrand befestigen.

2 Waagrechte Leisten

Die waagerechten Leisten auflegen und abmessen. Dabei die Breite der schon befestigten senkrechten Leisten hinzuaddieren. Das Maß anzeichnen, die Leisten zuschneiden und aufnageln. Ggf. die Leisten nach dem Zuschnitt mit einer passenden Acrylfarbe einfärben.

Achtung!

Einen Keilrahmen zur Präsentation oder Lagerung immer aufrecht stellen oder hängen, niemals schräg stellen! Auf diese Weise verzieht sich der Rahmen.

Tipps & Tricks

- Je größer der Keilrahmen ist, desto breiter sollte die Rahmenleiste sein.
- Keilrahmen können sich in Folge von unterschiedlichem Farbauftrag, Feuchtigkeit etc. verziehen. Manchmal hilft dann nur noch das Abspannen des Bildes und das Auftackern auf einen neuen Rahmen. Bei leichten Veränderungen hilft sanftes Hin- und Herbiegen oder ein Anfeuchten der Keilrahmenschenkel. Anschließend den Keilrahmen plan auf den Fußboden legen und mit Gewichten beschwert mehrere Tage trocknen lassen.

STILLLEBEN

BLUMEN

LANDSCHAFT

FIGUR

ORNAMENTAL & ABSTRAKT

IDEENPOOL

Immer die passende Idee

Im Ideenpool finden Sie Acrylbilder zu den Themenbereichen Stillleben, Blumen, Landschaft und Figur sowie abstrakte und ornamentale Arbeiten. Die Bilder sind in unterschiedlichen Techniken gestaltet. Oftmals werden verschiedene Maltechniken kombiniert. Wenn Ihnen etwas schwierig erscheint, blättern Sie einfach zurück zum Workshop und schauen bei der Erläuterung zur entsprechenden Technik noch einmal nach.

Mit praktischen Materiallisten

Zu jeder Malanleitung gehört eine Liste mit den nötigen Materialien. Hier wird alles angeführt, was Sie brauchen. Außerdem erfahren Sie, in welchem Format wir das jeweilige Bild gestaltet haben. Auf dieses Format beziehen sich die Angaben bei den Vorlagenzeichnungen ab Seite 112. Die Formatangabe ist jedoch nur als Vorschlag zu verstehen. Natürlich steht es Ihnen frei, jedes beliebige Format zu wählen und das Motiv der veränderten Formatgröße anzupassen.

Tipps und Tricks für gutes Gelingen

Wie im Workshop finden sich auch im Ideenpool wieder viele Tipps & Tricks sowie wichtige Hinweise, sodass einem guten Gelingen nichts mehr im Wege steht! Unsere Erfahrungen sind in diese Tipps eingeflossen. Aber es ist nicht ausgeschlossen bzw. sogar höchstwahrscheinlich, dass Sie bei der Arbeit am Bild noch andere Erfahrungen machen bzw. neue Erkenntnisse gewinnen. Wir empfehlen Ihnen, solche Dinge zu notieren und Ihre eigene Liste der Tipps & Tricks zu erstellen.

Hinweise

- Bei den Modellanleitungen im Ideenpool werden die einzelnen Maltechniken nicht mehr ausführlich beschrieben. Dank eines Verweises auf die entsprechende Workshopseite können Sie aber alles Wissenswerte zur jeweiligen Technik schnell nachlesen.

- Bei den Anleitungen im Ideenpool haben wir die Pinselgrößen jeweils angegeben, möchten aber darauf hinweisen, dass Pinsel mit gleichen Nummern, die von unterschiedlichen Herstellern stammen, verschieden groß sein können.

Die Modelle im Ideenpool sind in folgende Schwierigkeitsgrade unterteilt:

☺ einfach
☺☺ etwas schwieriger
☺☺☺ anspruchsvoll

STILLLEBEN

Französische Apfeltarte
250g Mehl in eine Schüssel sieben. 2 EL Zucker,
1 kleines Ei, 1 Prise Salz und 2 EL kaltes
Wasser verrühren. 125 g Butter unter-
kneten. Ausrollen und mit Apfelscheiben
belegen. Backen bei 200° – 20 Minuten.
Noch heiß mit Aprikosenkonfitüre bestreichen.

FRANZÖSISCHE APFELTARTE

1 Eine größere Menge Weiß auf die Palette geben. Mit leicht feuchtem Pinsel die gesamte Leinwand mit der weißen Farbe bedecken. Damit die Farbe nicht zu schnell antrocknet und sich besser verteilen lässt, hin und wieder die Pinselspitze in Wasser tauchen.

2 Gelb, Orange, Rot und Ocker mit großzügigen Pinselstrichen auf die weiße Farbe setzen. Mit senk- und waagerechten Strichen die Farben mit der Untergrundfarbe vermischen (siehe Seite 22). Den Pinsel zwischendurch immer wieder auf Küchenpapier sauber ausstreichen, sonst entsteht ein Einheitsfarbenbrei!

3 Zügig und mit möglichst breitem Pinsel arbeiten. Dieses Anlegen von Farbverläufen auf der Leinwand funktioniert nur, solange die Farbe noch feucht ist. Ansonsten die Farben richtig durchtrocknen lassen und dann erneut Farben auftragen.

4 Den Text auf den Keilrahmen übertragen und mit dem orangefarbenen Marker nachschreiben. Die Flasche und die Äpfel mit dem feinen Aquarellpinsel zwischen die Textzeilen setzen. Die Lichtseite der Flasche mit Titanweiß darstellen, die Schattenseite mit Ultramarinblau. Auch am Flaschenboden findet sich eine feine dunkelblaue Linie.

5 Die Form der Äpfel durch Hell-Dunkel-Kontraste definieren. Hierfür auf der hellen Seite mit den Farben Gelb und Grün beginnen, denen etwas Weiß zugemischt wird. Weiche Farbübergänge zum Rot auf der Schattenseite erarbeiten. Wichtig sind die kleinen Schattenflächen rechts und unterhalb der Gegenstände – sie machen das kleine Stillleben erst plastisch.

SCHWIERIGKEITSGRAD
◌

FORMAT
30 cm x 40 cm

MATERIAL
- Keilrahmen
- Acrylfarben in Titanweiß, Kadmiumgelb hell, Kadmiumorange, Karminrot, lichtem Ocker gebrannt, Ultramarinblau, Umbra gebrannt und Saftgrün
- Flachpinsel, ca. 2,5 cm breit
- Aquarellpinsel, Gr. 2 und 4
- Marker mit breiter Spitze in Rot oder Orange
- Küchenpapier

VORLAGE
Seite 115

Tipps & Tricks

- Schreiben Sie Ihr eigenes Lieblingsrezept oder ein altes Familienrezept auf die Leinwand. Ziehen Sie Hilfslinien mit weißer Zeichenkreide und planen Sie vorher auf Papier die Anordnung und Verteilung des Textes.

Hinweis

- Ein guter Flachpinsel mit Kunststoffborsten und einer Breite von 2,5 bis 3 cm sollte unbedingt zu Ihrer Ausstattung gehören (siehe Seite 17).

SCHALEN VOR HELLEN FARBFLÄCHEN

Tipps & Tricks

- Wenn Farbe mit Sand vermalt wird, erscheint sie dunkler und intensiver. So entstehen allein durch das Vermalen mit Sand schöne Effekte.

- Mithilfe der Trockenpinseltechnik (siehe Seite 31) kann vermalter Sand granulierend hervorgehoben werden, indem Sie mit dem Pinsel nur leicht über die Sandkörnchen streichen.

SCHWIERIGKEITSGRAD
ↀↀ

FORMAT
40 cm x 60 cm

MATERIAL
- Keilrahmen
- Acrylfarben in Titanweiß, Siena gebrannt, lichtem Ocker, Siena natur, Paynesgrau und Kadmiumrot dunkel
- Flachpinsel, ca. 2,5 cm breit
- Aquarellpinsel, Gr. 6 und 10
- Vogelsand

VORLAGE
Seite 115

1 Das Bild besteht aus drei Farbbereichen, mit jeweils einem oberen hellen und einem unteren dunkleren Feld des gleichen Grundtons. Die sechs Rechtecke des Hintergrundes werden zuerst ausgemalt, die beiden Schälchen nachträglich auf den fertigen Farbgrund gesetzt.

2 Die Horizontlinie und die beiden senkrechten Linien auf den Keilrahmen übertragen. Die Farbflächen einzeln mit dem Flachpinsel arbeiten. Zuerst die jeweilige Fläche komplett mit Weiß bedecken. Das Weiß deckend auftragen, aber so viel Wasser mit dem Pinsel aufnehmen, dass sich die Farbe leicht auf dem Untergrund verstreichen lässt.

3 Die entsprechende Hauptfarbe im Feld verteilen und durch Striche, die kreuz und quer gesetzt werden, die Farbe mit dem Untergrundweiß zu einem pastelligen Verlauf vermischen (siehe Seite 8). Die unteren Farbfelder immer mit der gleichen Grundfarbe, aber entsprechend farbintensiver ausmalen.

4 Die linke Partie des Bildes mit Weiß und Siena gebrannt anlegen. Zusätzlich noch etwas lichten Ocker mit vermalen. Die mittlere Partie mit Weiß und Ocker, die rechte mit Weiß, Kadmiumrot und ebenfalls etwas Ocker ausmalen. Zu den Kanten hin die Farben etwas intensivieren.

5 Nachdem der Hintergrund getrocknet ist, die Konturen der Schalen übertragen. Um die Rundung der Schalen darzustellen, einen Verlauf in deckender Malweise anlegen. Hierzu von der Lichtseite ausgehend in Weiß, über lichten Ocker zu Siena natur arbeiten. In den rechten Schalenhälften etwas Sand direkt mit der Farbe vermalen. Die Schattenkante mit Paynesgrau verstärken.

6 Im linken und rechten unteren Farbfeld mit Sand und der entsprechenden Hauptfarbe Akzente setzen. Im mittleren Feld werden diese kleinen Sandflächen zu den Schattenflächen der beiden Schälchen. Paynesgrau gibt diesen Schatten die passende Dunkelheit.

NESCAFE

SÜDFRÜCHTE

Tipps & Tricks

- Tupfen Sie die Farbe für die Südfrüchte mit dem Pinsel auf die Leinwand. Es entsteht eine Struktur, die der von Apfelsinen- oder Zitronenschalen nahe kommt.

Hinweis

- Die Leinwände können auch mit ein wenig Abstand gehängt werden. Das schafft einen interessanten Effekt.

SCHWIERIGKEITSGRAD
ꝏ

FORMAT
50 cm x 60 cm

MATERIAL
- 2 Keilrahmen, je 30 cm x 50 cm
- Acrylfarben in Titanweiß, Paynesgrau, Orange, Mittelgelb, Mittelgrün, Indischrot und Ultramarinblau
- Borstenflachpinsel, Gr. 6 und 10
- Aquarellpinsel, Gr. 4

VORLAGE
Seite 116/117

1 Das Motiv auf den Keilrahmen übertragen. Den Hintergrund mit dem großen Borstenpinsel und einer Mischung aus Blau und Grau malen.

2 Mithilfe des kleinen Borstenpinsels die Apfelsinen in Orange malen. Für die hellen Stellen dieses mit Weiß, für die dunklen Schattenflächen mit Indischrot vermischen.

3 Die Hintergrundmischung aus Blau und Grau mit etwas Indischrot mischen und damit die Flächen zwischen den Früchten ausmalen. Die Zitronen in Gelb anlegen. An den hellen Stellen Gelb mit Weiß und an den dunklen Orange mit Gelb mischen.

4 Für die grünen Früchte Mittelgrün verwenden sowie eine Mischung aus Mittelgrün und Weiß bzw. Mittelgrün, Weiß und ein wenig Indischrot. Mit Weiß und einer Mischung aus Weiß und Blau die Schale malen. Mit verdünntem Weiß die Glanzlichter aufsetzen.

5 Mit wässrigem Weiß rechts und links das Fruchtglas vollflächig überziehen, um einen Glasschleier anzudeuten. Die Strohhalme mit Weiß vorzeichnen und mit Gelb sowie einer Mischung aus Gelb und Orange mehrere Male nacharbeiten. Mit Paynesgrau die dunklen Zwischenräume ausmalen und erneut die Halme mit Gelb nachziehen. Ebenfalls mit wässrigem Weiß auf dem Strohhalmglas einen Glasschleier andeuten.

6 Zuletzt die Stängelansätze der Früchte mit einer Mischung aus Grau und Rot malen.

KÜRBIS

Hinweis

◆ Das Heraussaugen mit der Walze erfordert ein zügiges Arbeiten (siehe auch Seite 48).

Tipps & Tricks

◆ Planen Sie Ihre Arbeitsschritte und notieren Sie sich Ihre Vorgehensweise, bevor Sie starten.

◆ Am Anfang ist es einfacher, dieses Bild im kleinen Format zu gestalten.

SCHWIERIGKEITSGRAD

ʘʘʘ

FORMAT

70 cm x 70 cm

MATERIAL

- Keilrahmen
- Acrylfarben in Orange, Siena gebrannt und Neapelgelb
- Pastellkreide in Ultramarinblau, Orange und Gelb
- weicher Bleistift
- Schaumstoffwalze
- Flachpinsel, ca. 3 cm breit
- Mallappen
- evtl. Holzleim

VORLAGE

Seite 130

1 Hier kann mit der Walze gearbeitet werden. Durch das Heraussaugen der Farbe und einige Farbverstärkungen mit dem Pinsel wird ein dreidimensional anmutendes Ergebnis erzielt.

2 Die Frucht mit einem weichem Bleistift auf die Leinwand übertragen. Die Striche mit Pastellkreide verstärken. Diese zerfließt etwas beim späteren Überwalzen.

3 Das Bild mit Orange walzen. Ggf. der Farbe Trocknungsverzögerer zugeben (siehe Seite 21). Mit dem Flachpinsel sofort Wasser auf die Schnittkanten und die hellen Stellen des Motivs geben. Die Walze auf dem Mallappen ausdrücken und Lichter aus der noch nassen Farbe heraussaugen. Dabei die Walze immer nur in eine Richtung führen. Die Wölbungen einer Frucht erscheinen grundsätzlich heller als tiefer liegende Stellen. Das Heraussaugen funktioniert natürlich nicht nur mit der Walze, sondern auch mit einem Schwamm.

4 Mit Orange, Neapelgelb und Siena gebrannt die Schatten des Kürbisses gestalten. Diese mit dem Pinsel auftragen. Dabei den Pinsel immer der Form des Motivs folgend einsetzen. Erst durch das Aufbringen von Schatten wird das Bild richtig plastisch.

5 Die Farbe trocknen lassen. Einige Tupfer Orange direkt aus der Flasche auftragen, um eine lebhaftere Wirkung zu erzielen.

6 Alternativ kann mit der Holzleimtechnik vor dem Farbauftrag eine Struktur auf den Kürbis gelegt werden. Kerne und Strunk lassen sich so schon vorher plastisch gestalten.

TONTÖPFE

Tipps & Tricks

◆ Um beim Auftrag von Strukturpaste mit den Fingern eine saubere Kante zu erhalten, decken Sie einfach die daneben liegende Fläche mit einem Blatt Papier ab.

SCHWIERIGKEITSGRAD
ꝏ

FORMAT
Schenkellänge 30 cm

MATERIAL
- 2 dreieckige Keilrahmen
- Acrylfarben in Titanweiß, Orange, Mittelgelb, Siena gebrannt, lichtem Ocker, Indischrot, Mittelgrün, Ultramarinblau und Schwarz
- Borstenflachpinsel, Gr. 4 und 10
- Aquarellpinsel, Gr. 4
- Strukturpaste Feinsand

VORLAGE
Seite 128

1 Das Motiv mit Kohlepapier auf die Leinwand übertragen. Mit dem großen Borstenpinsel den Hintergrund malen. Hierfür mit einer Mischung aus Weiß, Gelb und Orange links oben beginnen. Rechts oben eine Mischung aus Schwarz und Rot und unten eine Mischung aus Weiß und Schwarz mit etwas Rot einsetzen. Die dunklen Schatten unten mit einer Mischung aus Schwarz und Braun anlegen.

2 Mit dem kleineren Borstenpinsel die Tonkrüge malen. Den hinteren Krug in einer Mischung aus Rot, Schwarz und Weiß sowie etwas Orange gestalten. Den vorderen Krug in einer Mischung aus Orange, Weiß und Ocker anlegen und mit einer Mischung aus Rot und Schwarz das Muster aufzeichnen.

3 Die rechte Schale in einer Mischung aus Weiß, Ocker und Rot malen, vermischt mit etwas Schwarz für die Schatten.

4 Die Blätter rechts und links mit einer Mischung aus Mittelgrün und Schwarz gestalten, an den helleren Stellen etwas Weiß hinzugeben. Die Oliven in Blau malen, die Weintrauben in Gelb, wobei in die feuchte Farbe oben Weiß und unten Grün und Rot eingemischt wird. Etwas Gelb oben auf die Oliven tupfen.

5 Mit dem Finger die Strukturpaste auftragen (siehe Seite 50). Das Muster mit einem Malmesser oder Colour shaper herauskratzen. Trocknen lassen. Die Strukturpaste nochmals mit Acrylfarbe übermalen, wie oben beschrieben.

BLUMEN

PINK CALLA

1 Das Motiv mit Kohlepapier auf die Leinwand übertragen, vom oberen Rand 10 cm und vom linken und rechten Rand 16 cm entfernt.

2 Leichtstrukturpaste mit dem Finger auf den Hintergrund sowie zwischen die Bilder aufstreichen und trocknen lassen.

3 Mit dem großen Borstenpinsel den Hintergrund malen. Hierfür Weiß, eine Mischung aus Weiß und Türkis sowie Weiß und Blau verwenden. Etwas verdünntes Magenta hinzufügen.

4 Die Hintergründe der kleinen Bilder mit einer Mischung aus Weiß, Türkis und Blau sehr hell malen.

5 Die Callas mit dem kleinen Borstenpinsel im Magentaton malen. Das Magenta an manchen Stellen mit Weiß aufhellen, an anderen mit einer Mischung aus Magenta und Grün abdunkeln.

6 Für die grünen Stängel die sehr feinen Spitzen des Aquarellpinsels verwenden (siehe Seite 22).

7 Den Fruchtknoten mit einer Mischung aus Weiß und Gelb ausmalen und mit der zuvor bereits eingesetzten Mischung aus Magenta und Grün einige dunkle Punkte in den Schattenbereich tupfen.

8 Mit der violetten Ölkreide den Rahmen der Callabilder nachzeichnen.

Variation

Arbeiten Sie den Hintergrund, wie oben beschrieben, ganzflächig. Kopieren Sie die Blumen auf kleine Keilrahmen (z. B. 15 cm x 15 cm) und malen Sie sie mit der Kante wie beschrieben aus. Zuletzt kleben Sie die kleinen Keilrahmen auf die große Leinwand mit Zweikomponentenkleber auf.

SCHWIERIGKEITSGRAD

FORMAT
60 cm x 80 cm

MATERIAL
- Keilrahmen
- Acrylfarben in Titanweiß, Ultramarinblau, Türkis, Magenta, Goldgelb und Smaragdgrün
- Ölpastellkreide in Violett
- Leichtstrukturpaste
- Borstenflachpinsel, Gr. 20 und 4
- Aquarellpinsel, Gr. 4

VORLAGE
Seite 118

Hinweis

- Wenn die Ölkreide nach ein paar Wochen gut durchgetrocknet ist, Sprühfirnis auftragen.

STRELITZIE

Tipps & Tricks

- Um feine Linien zu malen, den Aquarellpinsel verwenden (siehe Seite 22). Jedoch sollte die Farbe dann mit Wasser verflüssigt werden. Ist die Farbe aufgrund der Verdünnung nicht intensiv genug, nach dem Trocknen den Farbauftrag ein zweites oder drittes Mal wiederholen.

- Das chinesische Zeichen für Energie kann auch mit Metallfolie gestaltet werden (siehe Seite 49).

SCHWIERIGKEITSGRAD

FORMAT
50 cm x 50 cm

MATERIAL

- Keilrahmen
- Acrylfarben in Titanweiß, Schwarz, Ultramarinblau, Mittelgelb, Maigrün, Smaragdgrün, Lachsrot und Orange
- Pastellkreide in Weiß
- Borstenflachpinsel, Gr. 20 und 4
- Aquarellpinsel, Gr. 4
- Klebeband
- Lineal

VORLAGE
Seite 118

1 Mit dem Lineal von oben 28 cm abmessen und eine Linie aufzeichnen. Mit dem großen Borstenpinsel die obere Fläche zweimal in Schwarz übermalen. Die untere Fläche ebenfalls durch zwei Farbaufträge mit einer Mischung aus Smaragdgrün und Schwarz gestalten und trocknen lassen.

2 Mit dem Lineal einen ca. 7 mm breiten Rand abmessen, mit Klebeband nach innen abkleben (siehe Seite 49) und mit Smaragdgrün den Rand und die Rahmenkante zweimal malen. Das Klebeband abnehmen, bevor die Farbe getrocknet ist.

3 Das Motiv auf Transparentpapier übertragen und dieses auf der Rückseite mit weißer Kreide bestreichen. Mit der Kreideseite nach unten auf dem Keilrahmen ausrichten und das Motiv mit einem Stift nachmalen. Auf dem Keilrahmen werden die Motivlinien in Weiß sichtbar.

4 Mit dem kleinen Borstenpinsel und verdünntem Weiß das gesamte Motiv nachmalen.

5 Nach dem Trocknen das Motiv farbig ausmalen. Mit den hellen Flächen in Gelb, Gelb-Weiß sowie Orange und Lachs beginnen. Die feuchten Farben miteinander verstreichen, jeweils in Längsrichtung. Für feine, spitze Linien den Aquarellpinsel einsetzen.

6 Den Stängel mit den beiden Grüntönen malen. Zudem Flächen mit einer Mischung aus Grün und Blau sowie Blau und Weiß anlegen.

7 Zuletzt das chinesische Zeichen für Energie mit Lachsrot ausmalen und diesen Farbton auch auf wenige Stellen der Blüte setzen.

8 Das chinesische Zeichen mit verdünntem Gelb und Orange übermalen.

活

WEISSE ORCHIDEE

Hinweis

- Es ist egal, welche Flächen mit Strukturgel bearbeitet werden. Wichtig ist, dass sich neben jeder strukturierten Fläche eine Fläche befindet, die nicht mit Strukturgel bearbeitet wurde.

SCHWIERIGKEITSGRAD

FORMAT
60 cm x 50 cm

MATERIAL
- Keilrahmen
- Acrylfarben in Titanweiß, lichtem Ocker, Orange, Mittelgrün, Mittelgelb, Dunkelbraun und Schwarz
- Borstenflachpinsel, Gr. 20 und 4
- Strukturgel Kristallsand

VORLAGE
Seite 119

1 Das Motiv mit Kohlepapier auf die Leinwand übertragen. Zuerst das Strukturgel mit dem Finger auf einzelne Flächen auftragen und trocknen lassen. Obwohl für alle Flächen dasselbe Strukturgel verwendet wird, sehen die Oberflächen unterschiedlich aus. Das erreichen Sie durch unterschiedlichen Auftrag des Gels, z. B. durch Tupfen oder Verstreichen in waagerechten oder senkrechten Linien.

2 Mit dem großen Borstenpinsel die Flächen des Hintergrundes mit Farbe ausmalen. Hierbei mit den hellen Flächen beginnen und Mischungen aus Weiß mit Ocker, Weiß mit Ocker und Orange, Weiß mit Orange, Orange, Weiß mit Braun sowie Braun mit Schwarz verwenden.

3 Die Vase mit einer Mischung aus Weiß und Braun malen.

4 Mit dem kleinen Borstenpinsel die Blüten in Weiß ausmalen und in den Schattenbereichen durch Zumischung von Schwarz eine graue Farbe auftragen. Das Blüteninnere in Orange-Gelb ausmalen. Mit verdünntem Gelb die weißen Blätter etwas strukturieren.

5 Zum Schluss die Stängel mit Grün malen.

ROSE

Tipps & Tricks

- Bei so vielen Farbverläufen in einem Grundton kann man schon mal den Überblick verlieren. Ein alter Trick verhilft hier wieder zum kontrastreichen Sehen: Schauen Sie sich das Bild im Spiegel an! Es ist verblüffend, wie schnell man auf diese Weise die Bildstellen findet, die schon perfekt sind, und auch diejenigen, die noch bearbeitet werden müssen. Ein kleiner Taschenspiegel sollte auf keinem Ateliertisch fehlen.

SCHWIERIGKEITSGRAD
ⴲⴲⴲ

FORMAT
50 cm x 60 cm

MATERIAL
- Keilrahmen, 4 cm tief
- Acrylfarben in Karminrot, Kadmiumrot hell, Kadmiumorange, Paynesgrau und Titanweiß
- Flachpinsel, ca. 2,5 cm breit
- Aquarellpinsel, Gr. 2, 8 und 12

VORLAGE
Seite 127

1 Die Vorlage auf den Keilrahmen übertragen. Das Motiv wird mit relativ wenig Farben hergestellt. Es erhält seine Wirkung durch die detaillierte Abstufung der Rottöne von Hell nach Dunkel und durch die Verwendung kalter und warmer Rottöne.

2 In den äußeren Bildbereichen links und rechts die Farbe mit relativ grobem Pinselduktus verteilen. Kaltes Rot (Karmin) bildet mit warmem Rot (Kadmium) Verläufe, abgedunkelt durch Einarbeiten von Paynesgrau. Die Verläufe während des Malprozesses direkt auf der Leinwand ermischen.

3 Einige Bilddetails deckend monochrom malen. Dazu gehört das von oben kommende, sichelförmige hellrote Blatt. Hier mit einer Mischung aus Rot und Orange arbeiten. Ebenso einige sich anschließende, kleine Blätter deckend monochrom gestalten.

4 Alle weiteren Flächen weisen mehr oder weniger starke Hell-Dunkel-Verläufe (siehe Seite 28) auf. Diese Bildpartien erst einmal mit einer Lasur in der entsprechenden Farbe vorgrundieren. In den folgenden Arbeitsschritten die Hell-Dunkel-Kontraste weiter überarbeiten und verstärken, bis das gewünschte Ergebnis erreicht ist.

5 Bei einem Blatt in der äußeren rechten Bildhälfte die Lasur nicht überarbeiten. Die Lavierung in Karminrot erscheint als heller, rotvioletter Farbton.

6 Im Bildzentrum sehr detailliert mit feinem Pinsel arbeiten. Die Schatten mit Paynesgrau exakt ausformen. Die Lichter mit Weiß aufsetzen.

MOHN

Tipps & Tricks

- Die nass in nass gemalten Blütenblätter haben eine längere Trockenzeit. Malen Sie in der Zwischenzeit an dem zweiten Bild weiter.

Hinweis

- Bilder in der Lasurtechnik immer auf der Arbeitsfläche liegend malen. Erst nach dem Trocknen dürfen diese Bilder aufgestellt werden.

SCHWIERIGKEITSGRAD
ooo

FORMAT
jeweils 40 cm x 40 cm

MATERIAL
- 2 Keilrahmen
- Acrylfarben in Titanweiß, Neapelgelb, lichtem Ocker, Kadmiumgelb dunkel, Kadmiumgelb hell, Kadmiumorange, Kadmiumrot hell, Siena gebrannt, Gelbgrün, Hookersgrün, Kobaltblau und Paynesgrau
- Flachpinsel, ca. 2,5 cm breit
- Aquarellpinsel, Gr. 6

VORLAGE
Seite 119

1 Die Vorlagen auf die Keilrahmen übertragen. Die vier Hintergrundquadrate zuerst in deckender Malweise, anschließend mit Lasuren bemalen.

2 Die unteren beiden Flächen mit Weiß und Siena gebrannt bzw. Weiß und lichtem Ocker grundieren. Dabei das Weiß und die jeweilige Schmuckfarbe direkt auf der Leinwand mischen. In den oberen Quadraten jeweils Neapelgelb und Kadmiumgelb dunkel mit dem Weiß vermalen.

3 Nach dem Trocknen die Farbflächen mehrfach mit Lasurschichten überziehen. Zunächst alle Felder im eigenen Grundton lasieren. Liegend trocknen lassen. Dann die unteren Quadrate noch mit einer zarten blauen Lasur überziehen, ebenso die Flächen in Neapelgelb. Die gelben Felder zart weiß lasieren.

4 Die Blüten ähnlich wie in der Aquarelltechnik nass-in-nass arbeiten (siehe Seite 29). Hierbei Blatt für Blatt einzeln fertig stellen. Wenn Sie direkt angrenzend weitermalen wollen, die Farbe erst trocknen lassen. Die Blütenfarben in einem Schälchen o. Ä. mit Wasser zu einer Lasur anrühren. So lange rühren und tropfenweise Wasser zugeben, bis die Farbe richtig flüssig ist und keine Schlieren mehr erkennbar sind.

5 Ein Blütenblatt mit dem Pinsel mit Wasser benetzen. Um besser erkennen zu können, wo bereits Wasser aufgetragen wurde, kann das Wasser auch ganz leicht hellgelb gefärbt sein. Die angerührten Lasuren streifenweise in die feuchte Fläche ziehen. An die helle Kante des Blütenblattes helles Gelb setzen. An die dunkle Kante das Rot auflegen. Dazwischen Dunkelgelb und Orange verlaufen lassen.

6 Weiße Stellen erhält man durch das Einmalen eines Wasserstreifens. Alle Blätter in der gleichen Technik mit leichten Farbvariationen malen. Am Stielansatz Paynesgrau als Dunkelheit mit verlaufen lassen.

7 Den Blütenstiel mit verdünntem Gelbgrün ausfüllen. Feine Linien mit leicht verdünntem Hookersgrün in die Kanten einziehen und zu einem Verlauf zusammenfließen lassen.

I.S. 04
I.S. 04

LANDSCHAFT

VILLA TOSKANA

1 Das Motiv auf die Leinwand übertragen. Mit der Landschaft im Fenster beginnen. Den Himmel in einer Mischung aus Weiß und Blau, die Felder in einer Mischung aus Weiß und Grün sowie Weiß, Orange und Grün anlegen. Die Schatten und Bäume mit einer Mischung aus Grün und Grau, die Hausdächer in Orange-Rot gestalten. Die Hausfassade in Weiß und die Fenster als kleine Punkte in Grau malen.

2 Nun das Fenster in Braun ausmalen, mit einer Mischung aus lichtem Ocker und Schwarz. Die Fensterläden zunächst mit einer Mischung aus Grün und Blau sowie etwas Weiß grundieren. Dann die Fensterkanten dunkler malen. Mit derselben Farbe die Lüftungsschlitze der Fensterläden malen. Dazu die Fensterläden mit Klebeband so abkleben, dass die senkrechten Linien der Lüftungsschlitze abgedeckt sind.

3 Den Boden zweimal mit einer Mischung aus Ocker und Schwarz übermalen. Den Hintergrund oben mit einer Mischung in Weiß und Gelb grundieren und mit einem Malmesser Strukturen in Weiß, Gelb, wenig Orange und Ocker aufstreichen. Den Hintergrund unten mit einer Mischung aus lichtem Ocker, Orange und Weiß grundieren und mit dem Malmesser in denselben Farben Strukturen aufstreichen.

4 Auf den Blumentopf Strukturpaste aufstreichen und mit dem Colour shaper das Muster herauskratzen. Nach dem Trocknen den Topf in helleren und dunkleren Terrakottatönen ausmalen, die aus Ocker, Orange, Rot, Weiß und Grau gemischt werden.

5 Zuletzt die Pflanze in Tönen aus Grün und Weiß sowie Grün und Grau gestalten.

SCHWIERIGKEITSGRAD
ʘʘ

FORMAT
40 cm x 30 cm

MATERIAL
- Keilrahmen
- Acrylfarben in Titanweiß, Schwarz, Mittelgelb, Ultramarinblau, Mittelgrün, Orange, lichtem Ocker gebrannt, Primärrot und Paynesgrau
- Borstenflachpinsel, Gr. 10
- Aquarellpinsel, Gr. 4
- Strukturpaste Kristallsand
- Malmesser
- Colour Shaper
- Klebeband

VORLAGE
Seite 120

Hinweis

- Um exakte Kanten zu malen, die Pinselborsten in Richtung Linie ausrichten.

BLUMENWIESE

Tipps & Tricks

◆ Ausführlichere Informationen zum Thema Pinselführung finden Sie auf Seite 22.

SCHWIERIGKEITSGRAD
◎◎

FORMAT
60 cm x 30 cm

MATERIAL
- Keilrahmen
- Acrylfarben in Titanweiß, Mittelgelb, Orange, Mittelgrün, Veronesergrün, Schwarz, Karminrot und Ultramarinblau
- Borstenflachpinsel, Gr. 10
- Aquarellpinsel, Gr. 4
- Malspachtel

VORLAGE
Seite 120

1 Mit dem Borstenpinsel zuerst den Himmel malen. Hierfür ca. 12 cm vom oberen Rand entfernt beginnen. Zunächst die Horizontlinie in Weiß auflegen. Anschließend eine Mischung von Weiß und Gelb und zum Rand hin eine weitere Mischung von Weiß und Blau sowie Blau in waagerechten Linien verstreichen.

2 Den unteren Teil malen. Hierfür am Horizont beginnen. In waagerechten Linien Gelb, eine Mischung aus Gelb und Mittelgrün sowie Orange auflegen. Eine Mischung aus Orange und Gelb mit kurzen Strichen in senkrechter und diagonaler Pinselführung auftragen. Zuletzt im Vordergrund eine Mischung aus Gelb und Grün, Grün sowie eine Mischung aus Grün und Schwarz in längeren Strichen auftragen. Die Farbe in Wachstumsrichtung verstreichen und damit schon Gräser andeuten (siehe Seite 22).

3 Mit dem Aquarellpinsel die Häuser im Hintergrund in Weiß malen. Das Dach in einer Mischung aus Rot und Grün.

4 Das Grün um die Häuser herum mit dem Borstenpinsel in Mittelgrün und Weiß malen und einen Weg mit einer Zickzacklinie andeuten, die sich nach vorne hin verbreitert.

5 Mit dem Malspachtel Weiß aufnehmen und einzelne Blätter der Margeriten malen. Das Blatt immer zur Mitte hin verstreichen. Zuletzt die Blütenmitte in Gelb-Orange tupfen.

6 Die Stängel und Blätter im Vordergrund und unter den Blüten mit Grün und einer Mischung aus Grün und Orange malen. Dazu den Pinsel oder den Malspachtel verwenden.

PROVENCE

Tipps & Tricks

- Sie können die Modellierpaste auch mit den Fingern aufstreichen. Zum Auskratzen eignen sich Malmesser oder ein einfaches Küchenmesser.

- Beim Übermalen der rauen Kanten aus Modellierpaste kann ein Borstenpinsel beschädigt werden. Verwenden Sie deshalb einen alten Pinsel für solche Arbeiten.

SCHWIERIGKEITSGRAD

FORMAT
60 cm x 40 cm

MATERIAL
- Keilrahmen
- Acrylfarben in Titanweiß, Schwarz, Purpurviolett, Primärrot, Mittelgrün, Mittelgelb und Ultramarinblau
- Malmesser
- Borstenflachpinsel, Gr. 10
- Modellierpaste

VORLAGE
Seite 121

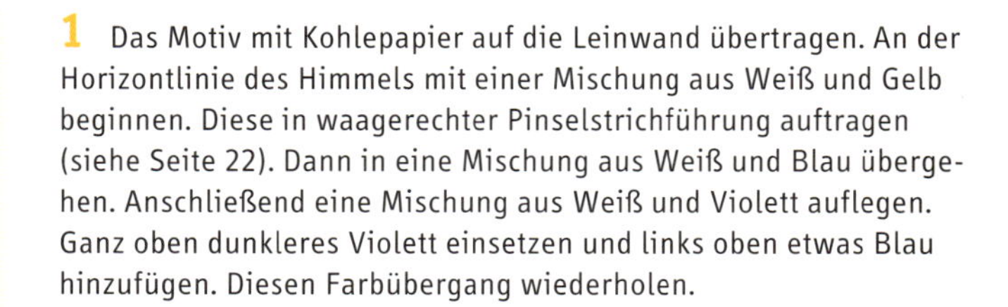

1 Das Motiv mit Kohlepapier auf die Leinwand übertragen. An der Horizontlinie des Himmels mit einer Mischung aus Weiß und Gelb beginnen. Diese in waagerechter Pinselstrichführung auftragen (siehe Seite 22). Dann in eine Mischung aus Weiß und Blau übergehen. Anschließend eine Mischung aus Weiß und Violett auflegen. Ganz oben dunkleres Violett einsetzen und links oben etwas Blau hinzufügen. Diesen Farbübergang wiederholen.

2 Die hinterste Hügelkette in einer Mischung aus Weiß und Violett malen. Die davor liegende Hügelkette in einer Mischung aus Weiß, Violett und Rot etwas dunkler gestalten. Die dritte Hügelkette von hinten wird durch Zumischen von Rot noch etwas dunkler gehalten. Zu dieser Farbmischung etwas Violett zugeben und damit die Hügelkette in der Mitte ausmalen.

3 Das vordere Lavendelfeld mit Violetttönen malen, vorne etwas dunkler und hinten etwas heller.

4 Die dunklen Schattenkanten zwischen den Beeten mit einer Mischung aus Grün und Schwarz malen, ebenso die Bäume im Hintergrund. In den Schattenbereichen etwas dunklere Farbe auflegen. Mit verdünntem Schwarz die Schattenlinien der Bäume malen.

5 Mit einem Malmesser Modellierpaste auf das Lavendelfeld aufstreichen und für die Lavendelstiele hinten kurze Striche und vorne längere Striche herauskratzen (siehe Seite 50). Trocknen lassen und mit Acrylfarbe übermalen. Dabei vorne eine etwas dunklere Mischung aus Violett und Rot und hinten eine hellere aus Violett, Rot und Weiß auflegen.

LANDSCHAFT MIT MONDSICHEL

Tipps & Tricks

◆ Alternativ können Sie die Vorlage auch auf Papier übertragen. Die einzelnen Farbfelder ausschneiden. Die Papiersegmente als Schablone benutzen und mit weißer Kreide umfahren.

SCHWIERIGKEITSGRAD

FORMAT
40 cm x 50 cm

MATERIAL
- Keilrahmen
- Acrylfarben in Titanweiß, lichtem Ocker, Umbra, Neapelgelb, Kadmiumgelb dunkel, Siena gebrannt und Ultramarinblau
- Flachpinsel, ca. 1,5 cm breit
- Aquarellpinsel, Gr. 2

VORLAGE
Seite 121

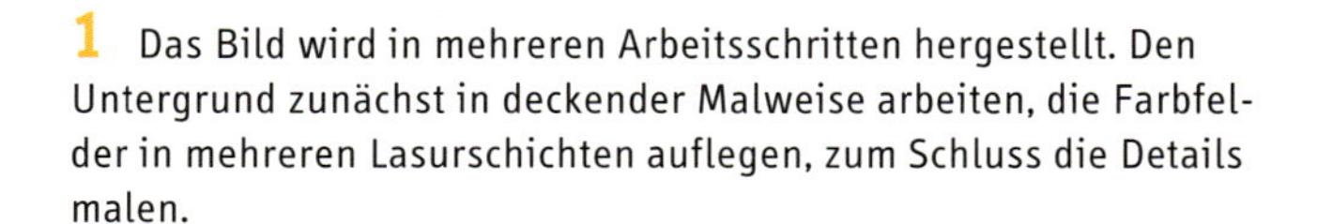

1 Das Bild wird in mehreren Arbeitsschritten hergestellt. Den Untergrund zunächst in deckender Malweise arbeiten, die Farbfelder in mehreren Lasurschichten auflegen, zum Schluss die Details malen.

2 Das komplette Bild grundieren mit einer Mischung aus lichtem Ocker und Umbra. Die Farben direkt auf der Leinwand mischen. Mit lichtem Ocker beginnen und einen Teil der Leinwand damit bemalen. Etwas Umbra hinzunehmen und zu einem leicht gefleckten Untergrund vermalen. Die fertige Grundierung trocknen lassen.

3 Die Farbfelder vorzeichnen. Folgende Lasuren als Untermalung anlegen (von links nach rechts): das obere und untere Feld mit blauem Kreissegment in Hellblau, das Baumfeld über die gesamte Höhe in Neapelgelb, das Vogelfeld in Gelb und das kleine Blätterfeld in Weiß. Das Quadrat unter dem Mond in Neapelgelb lasieren, das Häuserfeld in Neapelgelb und im Ochsenfeld an der linken Kante ein Quadrat aus lichtem Ocker anlegen.

4 In einem neuen Arbeitsschritt weitere Lasuren aufsetzen (von links nach rechts): die Kreissegmente in Ultramarinblau, das obere Rechteck im Baumfeld in lichtem Ocker, das untere in Siena gebrannt. Ist das obere Feld trocken, noch leichte Spuren von Siena gebrannt über die Fläche ziehen. Das gesamte Mondfeld mit einer Mischung aus Neapelgelb und Kadmiumgelb gestalten, dabei ein kleines Rechteck offen lassen. Das Häuserfeld mit Neapelgelb mit einer Spur lichtem Ocker lasieren, das Ochsenfeld in Ultramarinblau.

5 In einem weiteren Arbeitsschritt das Mondfeld komplett mit gelber Lasur überziehen. Alles trocknen lassen.

6 Die Details von der Vorlage übertragen und mit leicht verdünnten Farben und einem feinen Aquarellpinsel aufmalen.

WASSERLANDSCHAFT

Tipps & Tricks

- Mit der Kreuzschraffur (kreuzweise Pinselführung) lassen sich sehr schöne lebendige Farbhintergründe gestalten. Zur Übung: Viel Weiß mit dem Pinsel aufnehmen, abwechselnd in unterschiedliche Farblasuren tauchen und auf dem Untergrund kreuzweise vermalen.

SCHWIERIGKEITSGRAD
ooo

FORMAT
80 cm x 160 cm

MATERIAL
- 2 Keilrahmen, je 80 x 80 cm
- Acrylfarben in Karminrot, Kadmiumgelb mittel, Phthalotürkis, Kobaltblau, Ultramarinblau, Pariserblau und Titanweiß
- Flachpinsel, 2,5 cm breit
- Baumwoll- oder Leinenstoff
- Gesso
- Klebstoff
- Mallappen

VORLAGE
Seite 117

1 Von der unteren Kante 45 cm abmessen und die Horizontlinie mit Lineal und Bleistift auf die beiden Keilrahmen zeichnen. Die Hügelkette aus Stoff aufkleben (siehe Seite 38). Das gesamte Bild mit Gesso grundieren.

2 Eine Untermalung mit Lasuren anlegen. Den Himmel an der Hügelkette beginnend mit einem Verlauf von Gelb zu Karminrot lasieren (siehe Seite 28). Die Wasserfläche mit einem Verlauf von Türkis über Kobaltblau zu Pariserblau gestalten (von oben nach unten). Stellenweise, vor allem auf dem linken Keilrahmen, Gelb hinzugeben.

3 Die Untermalung sieht jetzt ziemlich bunt aus. Die weitere Bemalung deckt einige Farben wieder beinahe vollständig ab (siehe Himmel). Sie blitzen nur noch stellenweise durch, sind aber von großer Bedeutung für die Wirkung der Bilder.

4 Mit Pariserblau und Ultramarin von unten beginnend in deckender Malweise und mit horizontalen Pinselstrichen (siehe Seite 22) die Wasserfläche anlegen. Die Farben gut verstreichen und auf der Bildfläche miteinander vermischen. In der oberen Hälfte der Wasserfläche Kobaltblau und Türkis hinzunehmen. Stellenweise die Farben mit wenig Wasser vermalen, um hellere Stellen zu erzeugen. Weiche Übergänge durch Verreiben mit einem Lappen erzeugen.

5 Den Himmel mit einer Kreuzschraffur (siehe kreuzweise Pinselführung Seite 22) und einer Mischung aus Weiß und allen drei Blautönen bedecken. An der oberen Kante mit Pariserblau beginnen. Immer zusätzlich ein bisschen Weiß mit dem Pinsel aufnehmen und mit vermalen. Zu Ultramarinblau übergehen, dann zu Kobaltblau.

6 Im unteren Bereich zarte Farbspuren in Weiß- und Blautönen auf die Wasserfläche setzen. Dabei wie im oberen Bildbereich zur Kreuzschraffur übergehen. So entsteht die leicht diffuse Farbwirkung.

7 Die Hügelkette mit Weiß und Hellblau sowie kleinen Spuren Gelb modellieren. Die Ränder stellenweise mit Ultramarin- und Pariserblau hervorheben.

8 Zum Schluss noch einige diffuse Lichter und Farbschleier auf das Wasser setzen. Mit dem Pinsel etwas Weiß oder Hellblau auftragen und mit dem Mallappen zu zarten Farbschichten verreiben.

FIGUR

COCKTAIL

1 Das Motiv mit Kohlepapier auf die Leinwand übertragen. Mit dem großen Borstenpinsel den Hintergrund malen. Mit den hellen Stellen beginnen und Mischungen aus Weiß, Gelb und Orange bzw. Orange und Braun sowie Zinnoberrot auflegen. Dann die dunklen Stellen des Hintergrunds malen mit Mischungen in Karminrot und Schwarz sowie Schwarz und Braun. Die Fläche ganz unten in Schwarz, Karminrot und Orange gestalten. Dabei die Farben bei waagerechter Pinselführung (siehe Seite 22) miteinander vermischen.

2 Nun Hautfarbe auftragen, leicht mit Braun abgedunkelt an einigen Stellen am Hals sowie um die Augen herum, mit etwas Weiß vermischt an den Stellen, die viel Licht bekommen.

3 Das Kleid zweimal mit Karminrot überziehen. Mit dem kleinen Borstenpinsel die Haare in einer Mischung aus Orange und Zinnoberrot malen. Mit dem Aquarellpinsel und verdünnter Farbe den Mund, die Schuhe, die Flüssigkeit im Glas sowie Fingernägel und Augen malen. Das Glas mit Weiß und Orange ergänzen.

4 Zuletzt mit dem Aquarellpinsel und verdünntem Schwarz Konturenlinien um alle Flächen ziehen.

SCHWIERIGKEITSGRAD

FORMAT
60 cm x 30 cm

MATERIAL
- Keilrahmen
- Acrylfarben in Titanweiß, Schwarz, Karminrot, Zinnoberrot, Orange, Mittelgelb, Hautfarbe, Dunkelbraun und Hellblau
- Borstenflachpinsel, Gr. 20 und 4
- Aquarellpinsel, Gr. 4

VORLAGE
Seite 122

Tipps & Tricks

- Zum Malen der Konturenlinien den Aquarellpinsel senkrecht an der silbernen Zwinge festhalten. So malen Sie nur mit der Pinselspitze und erhalten saubere Linien.

ZEBRA

Tipps & Tricks

◆ Sie können die Außenkanten der schwarzen Streifen auch mit einem schwarzem Permanentmarker malen.

SCHWIERIGKEITSGRAD
ශශ

FORMAT
60 cm x 60 cm

MATERIAL
- Keilrahmen
- Acrylfarben in Titanweiß, Schwarz und Ultramarinblau
- Borstenflachpinsel, Gr. 6
- Aquarellpinsel, Gr. 8

VORLAGE
Seite 123

1 Vor dem Malen die Vorzeichnung sorgfältig prüfen. Hat man eine Linie vergessen, kann dies beim Malen zu Irritationen führen, weil man nicht mehr versteht, welche Streifen schwarz und welche weiß gestaltet werden.

2 Das Motiv mit Kohlepapier auf die Leinwand übertragen. Mit dem Borstenpinsel den blauen Hintergrund malen, dabei das Blau mit etwas Weiß aufhellen. Nach dem Trocknen der Farbe diesen Farbauftrag noch einmal wiederholen.

3 Die schwarzen Streifen in verdünntem Schwarz mit dem Aquarellpinsel malen. Mit weißer Farbe die Stellen überarbeiten, wo nicht sauber gearbeitet wurde bzw. noch Linien der Vorzeichnung zu sehen sind.

4 Blaue Farbe mit viel Wasser verdünnen und als Lasur (siehe Seite 27) auf die wenigen Schattenbereiche auftragen. Das Auge mit dem Aquarellpinsel in Schwarz malen. Zuletzt ebenfalls mit dem Aquarellpinsel und verdünntem Weiß ein paar Augenwimpern aufmalen.

Variation

Variieren Sie dieses Bild, indem Sie einen orangefarbenen Hintergrund und dunkelbraune Streifen malen. Oder gestalten Sie im Stil der Pop-Art pinkfarbene Streifen mit einem hellgrünen Hintergrund.

RÜCKENAKT

Tipps & Tricks

◆ Achten Sie darauf, dass die Farbflasche noch gut gefüllt ist, wenn Sie Farbe direkt aus der Flasche auftragen möchten. Bei einer wenig gefüllten Farbflasche wird immer wieder Luft ausweichen und die Farbspur abreißen. Halten Sie die Farbflasche senkrecht und schütteln Sie die Farbe vor Beginn der Arbeit nach unten. Dabei mit dem Finger die Öffnung verschließen.

SCHWIERIGKEITSGRAD
ꝏꝏꝏ

FORMAT
80 cm x 80 cm

MATERIAL
- Keilrahmen
- Acrylfarben in Krapprot und Kadmiumrot dunkel
- Schaumstoffwalze
- Schwamm
- kleiner Flachpinsel
- Bleistift, 6B – 8B
- Küchenpapier oder Mallappen

VORLAGE
Seite 122

1 Einfarbige Bilder eignen sich häufig besonders gut für den Einsatz der Walze. Den Rückenakt mit einem sehr weichen Bleistift kräftig auf der Leinwand vorzeichnen.

2 Über die gesamte Fläche mit Kadmiumrot dunkel rollen und sofort Wasserspuren mit dem Pinsel auf die gewölbten Stellen der Figur legen. Die Walze auf einem Küchenpapier oder Mallappen ausdrücken und mit dieser ausgedrückten Walze das Wasser wieder aufsaugen. Diese Stellen mit dem Schwamm weiter bearbeiten und auf diese Weise starke Lichter erzeugen.

3 Mit den Fingern einige Wassertropfen auf die Fläche rechts oben spritzen und anschließend das Wasser wieder heraussaugen (siehe Seite 48). So wird die Bildfläche belebt.

4 Auf die Kontur der Figur zur Betonung Farbe direkt auftragen. Hierfür die Farbe in der Flasche nach unten laufen und vorsichtig auf die Bleistiftlinie fließen lassen (siehe Foto unten).

5 Krumme Linien mit einem kleinen Pinsel oder dem Finger korrigieren. Auf die Kanten mit dem Pinsel nochmals Krapprot legen, um die Figur deutlicher herauszuarbeiten.

ORNAMENTAL & ABSTRAKT

HORIZONT

1 Für die Herstellung dieses Bildes wird eine Menge Farbe gebraucht – wie bei jeder Impastotechnik –, obwohl hier nicht mit dem Spachtel gearbeitet wird, sondern mit einem kurzborstigen Pinsel. Direkt auf der Leinwand werden Farben und Sand zu einer pastosen Struktur verarbeitet. Die Acrylfarbe ist in der Lage, Zusätze wie Sand aufzunehmen und einzubinden (siehe Seite 34). Farbe und Sand zusammen ergibt eine Masse von ähnlicher Konsistenz wie eine Strukturpaste.

2 Die Horizontlinie auf beiden Keilrahmen in ca. 25 cm Höhe einzeichnen. Das Kreppband oberhalb dieser Linie aufkleben. Die Farbe als Kleckse direkt auf die Leinwand geben, ein kleines Häufchen Sand direkt daneben geben.

3 An der oberen Kante mit Weiß beginnen und nach und nach Sand und weitere Farben aufnehmen. Auf diese Weise allmählich Farben und Sand zu einer strukturierten Oberfläche verarbeiten.

4 Die 4 cm breiten Seitenkanten ebenfalls mit bearbeiten. In der unteren Hälfte den schrägen Bereich mit Violett und Indigo anlegen.

5 Nun die Kreppbandstreifen entfernen. Den hellen Horizontstreifen mit Weiß, Hellgelb und zarten Spuren von Rosé, gemischt aus Titanweiß, Gelb und Rot, ausmalen. Den Übergang vom flachen Horizontstreifen zur Strukturfläche mit Farbe und Sand etwas weicher gestalten.

6 Die Bilder gut durchtrocknen lassen. Mit Lasuren aller verwendeten Farben die Farbflächen noch einmal überarbeiten. Die Lasuren trocknen lassen. Sie verstärken wesentlich den plastischen Charakter des Bild-Objekts.

SCHWIERIGKEITSGRAD
●●

FORMAT
60 cm x 80 cm

MATERIAL
- 2 Leinwände, 4 cm tief, je 40 cm x 60 cm
- Acrylfarben in Titanweiß, Kobaltblau, Ultramarinblau, Türkis, Violett, Indigo, Kadmiumgelb hell und Kadmiumrot hell
- Vogelsand
- Kreppklebeband
- Borstenrundpinsel oder Flachpinsel, ca. 2,5 cm breit

VORLAGE
Seite 123 und 124

Tipps & Tricks

- Überschüssige feuchte Farbe auf der Palette sollten Sie nicht sofort entsorgen, sondern in einem Behälter sammeln und später für Spachtelarbeiten nutzen.

KREUZ – KRINGEL – BALKEN

Tipps & Tricks

- Diese Kombination von drei Keilrahmen sieht auch in anderen Farben toll aus. Setzen Sie Ihre Lieblingsfarbe ein oder gestalten Sie jedes Bild in einer anderen Farbe.

- Die Bilder lassen sich immer neu kombinieren. Hängen Sie sie in Stufen ins Treppenhaus, untereinander zwischen zwei Türen oder nebeneinander übers Sofa. Die Wirkung ist jeweils völlig unterschiedlich.

- Quadratische Formate gibt es in vielen verschiedenen Größen. Kombinieren Sie auch größere und kleinere Formate.

SCHWIERIGKEITSGRAD
ⓒ

FORMAT
3 Keilrahmen, je 30 cm x 30 cm

MATERIAL
- 3 Leinwände
- Acrylfarben in Primärblau, Titanweiß und Silber
- Strukturpaste Feinsand
- kleine Schaumstoffwalze
- Spachtel
- Lineal
- Teller

VORLAGE
Seite 124

1 Bei diesen drei Motiven handelt es sich um Zeichen, wie sie in allen Kulturen vorkommen. Wahrscheinlich wirken sie deshalb so gut zusammen. Die drei Motive werden mit Feinsand auf die Leinwand gespachtelt.

2 Für den Außenrand des Kreises kann ein Teller zu Hilfe genommen werden. Für die Balken und das Kreuz die Mitte der Leinwand mithilfe des Lineals ermitteln und anzeichnen. Die Balken in gleichmäßigen Abständen platzieren. Nach Belieben können für alle drei Zeichen Schablonen hergestellt und zu Hilfe genommen werden. Mit der Kante des Spachtels die Zeichen strukturieren. Trocknen lassen.

3 Mit dem reinen Primärblau die drei Leinwände grundieren. Trocknen lassen. Nun noch eine weitere Lage Primärblau auf die Leinwand mit dem Kreuz auftragen. Auf den anderen beiden Leinwänden Silber und Weiß hinzumischen, um eine farbliche Abstufung zu erzielen. Die Leinwand mit den Balken wird mit deutlich mehr Silber und Weiß aufgehellt als die Leinwand mit dem Kreis.

4 Zuletzt mit Weiß und Silber vorsichtig über die erhabenen Strukturen rollen, damit sie besser sichtbar werden.

ORNAMENTE

Tipps & Tricks

◆ Entwickeln Sie eigene Ornamente! Lassen Sie sich von alten Fliesen oder Mustern der Indianer, Aborigines oder Kelten inspirieren.

SCHWIERIGKEITSGRAD

FORMAT
4 Keilrahmen, je 20 cm x 20 cm

MATERIAL
- 4 Keilrahmen
- Acrylfarben in Titanweiß, Gelbgrün, Brillantblau, Chromoxidgrün feurig und Kobaltblau
- Flachpinsel, ca. 2,5 cm breit
- Holzleim in der Flasche

VORLAGEN
Seite 125 und 126

1 Die vier kleinen Quadrate mit der Vorzeichnung versehen. Den Leim aus der Flasche direkt auf die Leinwand auftragen (siehe Seite 52), dabei gleichmäßig auf die Flasche drücken und den Linien exakt folgen.

2 Für die Punkte die Leimflasche senkrecht nach oben ziehen, bis der Leimfaden abreißt. Dann die Flasche auf den nächsten Punkt setzen. Die Leimmuster gut durchtrocknen lassen, bis sie transparent werden.

3 Die Vorgehensweise ist bei allen vier Keilrahmen gleich. Erst die ganze Fläche mit weißer Farbe bedecken. In diesen weißen Farbengrund die Schmuckfarbe einmalen. Mehrfach hin- und herstreichen und so die Farben zu einem pastelligen Farbfond vermalen.

4 Wer möchte, malt Teile des Dekors heller bzw. dunkler und hebt dadurch Details stärker heraus. Die vier Keilrahmen mit jeweils einer Schmuckfarbe versehen und gut trocknen lassen.

5 Zum Schluss jeden Keilrahmen noch mit einer Lasur in der jeweiligen Grundfarbe überziehen und liegend trocknen lassen. Die Lasur sammelt sich in den Vertiefungen und lässt das fertige Bild sehr plastisch erscheinen (siehe auch Seite 52).

ABSTRAKT BLAU

Hinweise

◆ Silberne Metallfolie finden Sie im Fachgeschäft. Sie können aber auch Aluminiumfolie (z. B. von Lebensmittelverpackungen) verarbeiten.

◆ Wir empfehlen Ihnen, zuerst kleine Farbstudien auf Papier zu entwerfen, etwa in der Größe einer Spielkarte. Entscheiden Sie anhand dieser Studien über die Farbgebung des Bildes und mischen Sie evtl. die Farben vor.

SCHWIERIGKEITSGRAD

FORMAT
60 cm x 40 cm

MATERIAL
- Keilrahmen
- Acrylfarben in Titanweiß, Paynesgrau, Violett, Kobaltblau und Mittelgrün
- Leichtstrukturpaste
- Strukturpaste Feinsand
- Metallfolie in Silber, 15 cm x 19 cm und 9 cm x 13 cm
- Borstenflachpinsel, Gr. 20
- Klebeband
- Kraftkleber
- grober Kamm oder Gabel

VORLAGE
Seite 127

1 Mit Kohlepapier das Motiv auf die Leinwand übertragen. Die Metallfolie ausschneiden und mit Kraftkleber aufkleben. Klebeband im Rechteck darauf kleben, sodass ca. 5 mm Folie am Rand sichtbar bleibt. Die Strukturpaste Feinsand auf diese Folienkante auftragen und in den Hintergrund verstreichen.

2 Auf die obere linke und die obere rechte Fläche sowie unten links Leichtstrukturpaste auftragen und mit einem Kamm Muster einkratzen (siehe Seite 35).

3 Nach dem Trocknen die Flächen mit Farbe ausmalen. Rechts unten eine Mischung aus Weiß und Violett auflegen, zum Rand hin oben etwas verdünntes Paynesgrau auftragen.

4 Die hellblauen Flächen mit einer Mischung aus Weiß, Blau und Grün gestalten. Die blauen Flächen links mit einer Mischung aus Blau und Paynesgrau, die Flächen rechts mit einer Mischung aus Blau, Grün und Violett malen. Die Strukturflächen mit einer verdünnten Mischung aus Weiß und Violett überarbeiten.

Variation

Statt der Metallfolien können auch Spiegel verwendet werden. Spiegel kann man beim Glaser in der geeigneten Größe bestellen. Lassen Sie sich die Kanten abschleifen, damit sie nicht mehr scharfkantig sind. Spiegel können mit Zweikomponentenkleber aufgeklebt oder in die Strukturpaste eingebettet werden.

CAFÉ ORANGE

Tipps & Tricks

◆ Wenn Sie das Textfeld mit individuellen Rezeptideen beschreiben wollen, bedenken Sie, dass der Platz begrenzt ist. Greifen Sie am besten zu Grundrezepten, z. B. für Crepes, Pfannkuchen, Drinks, Heißgetränke etc. Halten Sie Ausschau nach Serviettenmotiven, die zu diesen Grundrezepten passen.

SCHWIERIGKEITSGRAD
૭

FORMAT
40 cm x 50 cm

MATERIAL

- Keilrahmen
- Acrylfarben in Titanweiß, Kadmiumorange, lichtem Ocker gebrannt, Neapelgelb, Kadmiumgelb dunkel, Karminrot, Kadmiumrot hell und Paynesgrau
- Serviette mit Tassen, z. B. „Mikado“
- Serviettenkleber
- kleine Schere
- Marker in Blau

VORLAGE
Seite 128

1 Die Farbfelder als deckende Verläufe direkt auf der Leinwand ermischen. Dazu jedes Feld erst einmal mit Weiß bedecken und dann die entsprechende Schmuckfarbe mit dem Untergrundweiß zu einem schönen Pastellton vermengen (siehe auch Seite 62).

2 In der oberen Reihe mit Neapelgelb, Kadmiumrot und Karminrot (von links nach rechts) helle Farbnuancen ermischen. Die im Mittelstreifen liegenden Rechtecke mit gebranntem Ocker und Karminrot (Textfeld) gestalten. Auf die beiden kleinen Felder rechts Kadmiumgelb und -rot auflegen. Die beiden Farbfelder am unteren Rand mit Gelb und Orange malen.

3 Den Text auf das Mittelfeld übertragen und mit einem blauen Marker nachschreiben.

4 Die Tassen sorgfältig mit der Schere aus der Serviette ausschneiden. Mit Serviettenkleber die oberste Serviettenlage auf dem Keilrahmen montieren (siehe Seite 42). Trocknen lassen. Zum Schluss noch kleine Schatten unter die Tassen malen, damit sie „Stand bekommen“.

Café Orange
200 ml Milch mit 5 Teel. ungesüß-
tem Kakaopulver und 4 Teel. Zucker
erhitzen. 2 Tassen Espresso zufügen.
Auf 4 Tassen verteilen. Eine Sahne-
haube obenauf setzen. Mit Orangen-
raspel und 1 Teel. Orangenlikör toppen.

COLLAGE

Hinweis

◆ Sie müssen nicht über herausragende Zeichenkünste verfügen, um tolle Kompositionen schaffen zu können. Collagetechniken bieten all denjenigen viele Möglichkeiten, die gerne mit Materialien experimentieren.

SCHWIERIGKEITSGRAD

FORMAT
60 cm x 100 cm

MATERIAL
- Keilrahmen
- Acrylfarbe in Maisgelb
- buntes Transparentpapier
- dünnes Seidenpapier
- Acrylbinder
- Acryllack
- Schaumstoffwalze
- Malmesser oder Spachtel
- Schere

1 Eine Papiercollage oder Découpage sollte immer auf einem ausgewogenen Entwurf basieren. Deshalb vor der Gestaltung der eigentlichen Arbeit verschiedenfarbige Papiere im kleineren Maßstab (z. B. im Maßstab 1 : 10) zuschneiden und die Farbwirkung beim Übereinanderlegen testen.

2 Die Leinwand satt mit Maisgelb grundieren und die Farbschicht trocknen lassen. Acrylbinder aufstreichen und die Papiere in Schichten aufkleben. Jede Schicht trocknen lassen, bevor die nächste aufgebracht wird.

3 Mit der Walze Lack aufnehmen und vorsichtig über die Collage walzen, um die Komposition mit einem Schutzauftrag zu versehen. Anschließend dünnes Seidenpapier auflegen und mithilfe von Schaumstoffwalze und Acryllack befestigen.

4 Falls gewünscht, auf das fertige Bild noch einige gelbe Flächen aufspachteln, um Akzente zu setzen. Auf diese Weise können auch abstehende Kanten des Papiers wieder befestigt werden.

KLEINE WELLE

Tipps & Tricks

◆ Solche Kombinationen von mehreren Keilrahmen können ausgesprochen interessant aussehen. Probieren Sie Ähnliches mit Keilrahmen in Rautenform, Trapezform etc. Fertigen Sie kleine Skizzen an und testen Sie die Wirkung Ihrer selbst kreierten Muster.

SCHWIERIGKEITSGRAD

FORMAT
Schenkellänge 40 cm

MATERIAL

- 2 dreieckige Leinwände, Schenkellänge 40 cm
- Acrylfarben in Krapplack dunkel, Siena gebrannt und Neapelgelb
- Strukturpaste Feinsand
- Kunststoffspachtel
- Flachpinsel, ca. 5 cm breit

VORLAGE
Seite 130

1 Die beiden Keilrahmen nebeneinander legen und Feinsandpaste in Wellenform aufspachteln. Ein Teil der Welle befindet sich auf dem linken, der andere auf dem rechten Keilrahmen. Die Strukturpaste rechts dicker auflegen und links dünner auslaufen lassen. Den Auftrag durch Linien, die mit der Spachtelkante gesetzt werden, strukturieren. Anschließend trocknen lassen.

2 Beide Teile mit einer Mischung aus Siena gebrannt und Krapplack bemalen. Trocknen lassen.

3 Um ein tiefes Rot zu erzielen, eine zweite Farbschicht aus Krapplack dunkel auflegen. In die noch feuchte Farbschicht Neapelgelb von der Spitze der Welle mit dem Pinsel nach hinten verziehen, wo sich die Farbe verliert.

Variation

Wenn Sie statt Strukturpaste Feinsand eine glatte Paste verwenden, ergibt sich eine völlig andere Optik. Durch den Auftrag von glänzenden oder irisierenden Gelen können Sie einer solchen Komposition einen ganz besonderen Touch verleihen.

VORLAGEN

Hinweis

◆ Die Vorlagen sind verkleinert abgebildet. Mit dem angegebenen Kopierfaktor oder dem Rastermaß können Sie sie aber leicht zu der auf den Ideeninseln oder im Ideenpool genannten Motivhöhe vergrößern. Beachten Sie auch die Anleitung auf Seite 13.

Birne (Vorlagen vergrößern)

Seite 13 und 47

Vorlage auf 10 mm Rastermaß oder auf 200 % vergrößern bei einem Format von 30 cm x 30 cm

Arbeiten mit Schablonen

Seite 47

Vorlage in Originalgröße bei einem Format von 30 cm x 30 cm

Weiße Blüten

Seite 24

Vorlage auf 18 mm Rastermaß oder auf 353% vergrößern

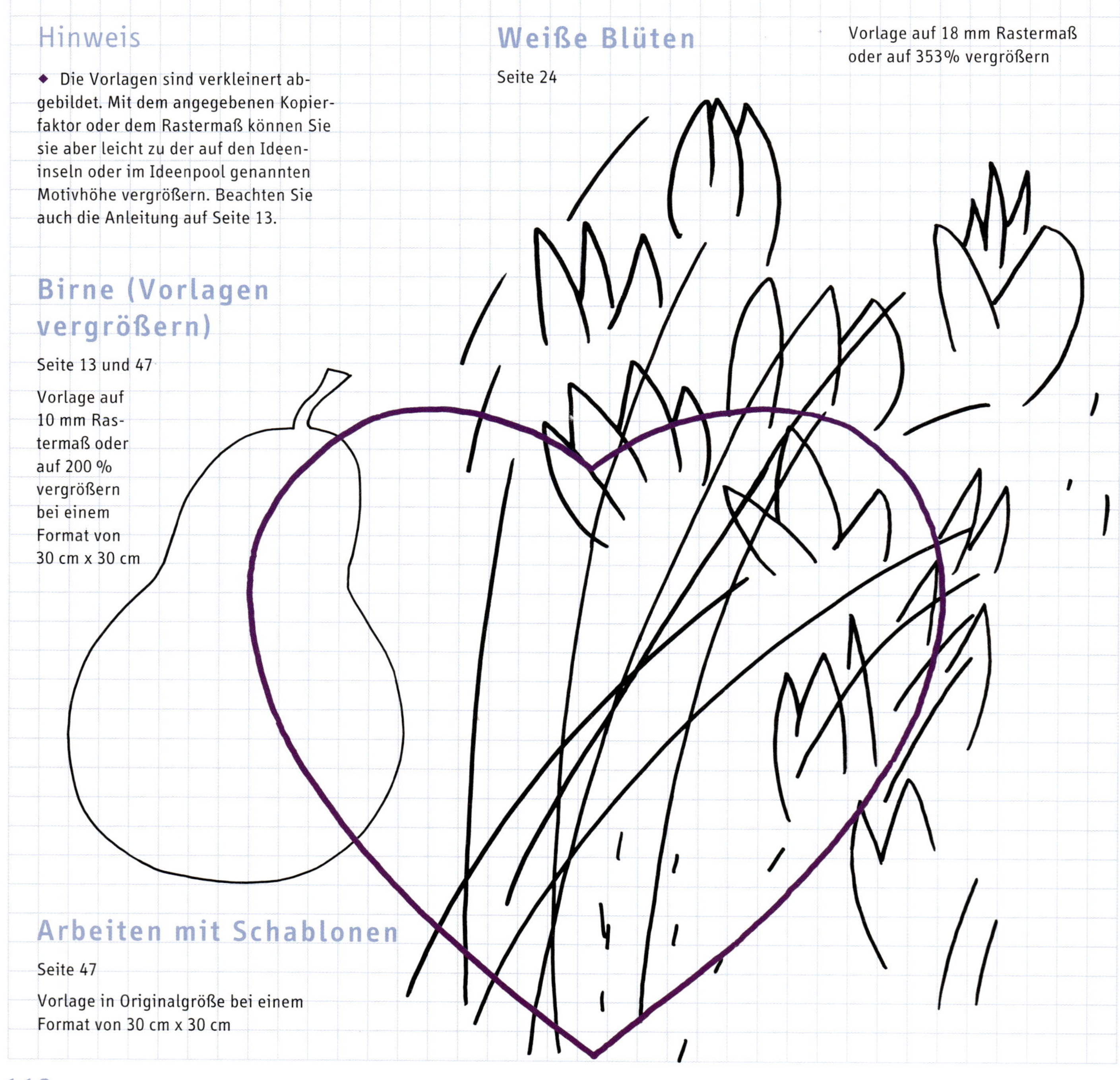

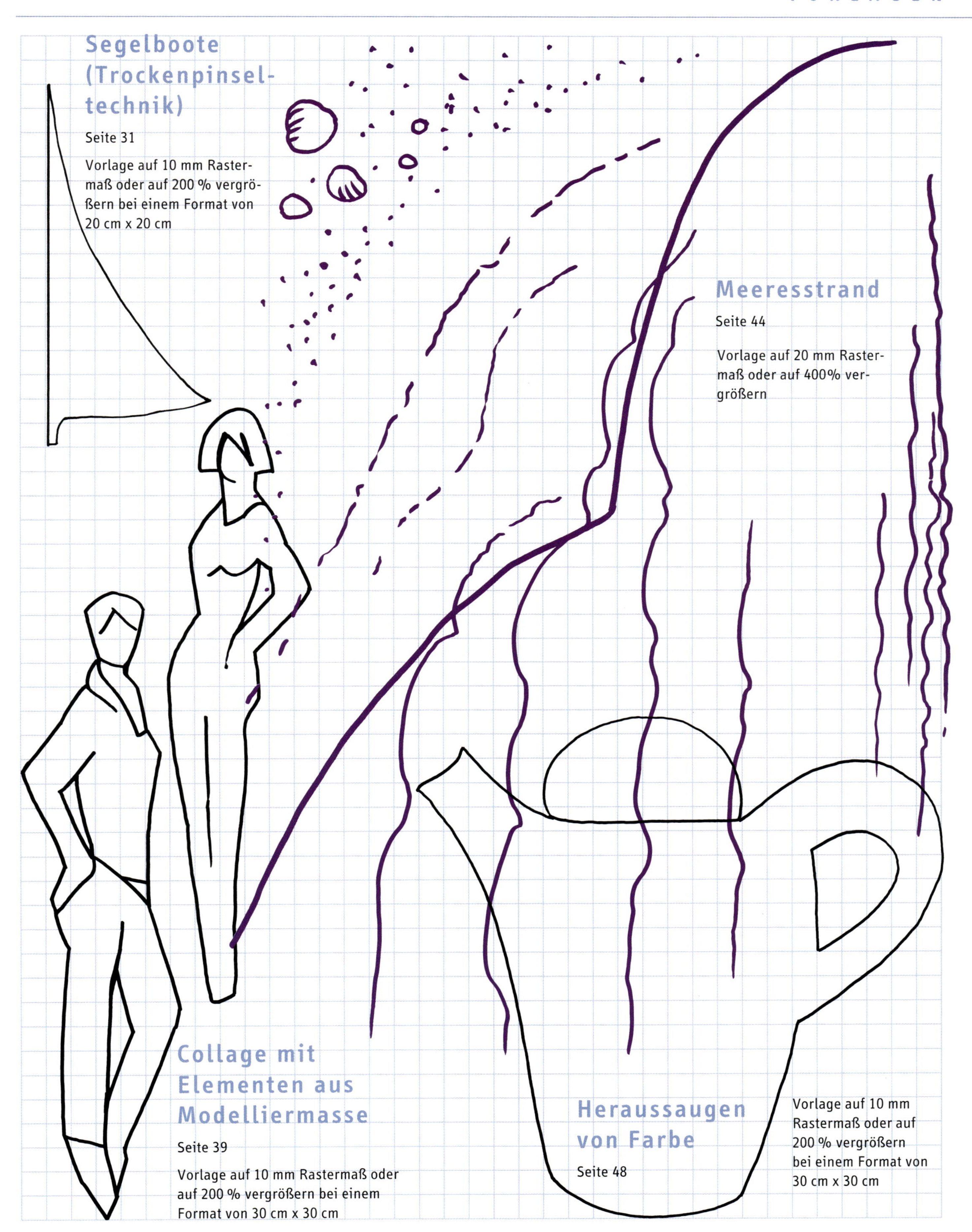

Segelboote (Trockenpinseltechnik)

Seite 31

Vorlage auf 10 mm Rastermaß oder auf 200 % vergrößern bei einem Format von 20 cm x 20 cm

Meeresstrand

Seite 44

Vorlage auf 20 mm Rastermaß oder auf 400% vergrößern

Collage mit Elementen aus Modelliermasse

Seite 39

Vorlage auf 10 mm Rastermaß oder auf 200 % vergrößern bei einem Format von 30 cm x 30 cm

Heraussaugen von Farbe

Seite 48

Vorlage auf 10 mm Rastermaß oder auf 200 % vergrößern bei einem Format von 30 cm x 30 cm

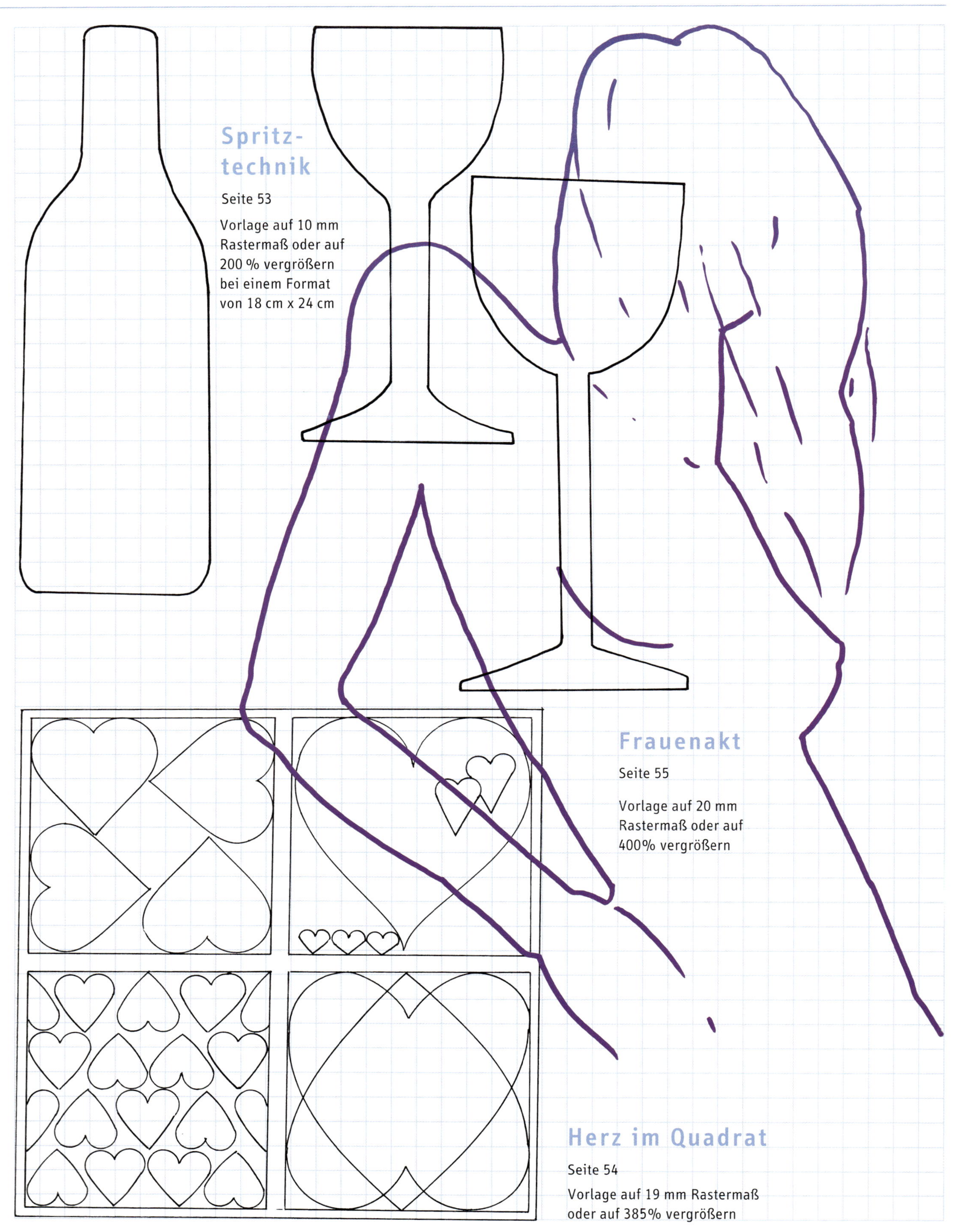

Spritztechnik

Seite 53

Vorlage auf 10 mm Rastermaß oder auf 200 % vergrößern bei einem Format von 18 cm x 24 cm

Frauenakt

Seite 55

Vorlage auf 20 mm Rastermaß oder auf 400% vergrößern

Herz im Quadrat

Seite 54

Vorlage auf 19 mm Rastermaß oder auf 385% vergrößern

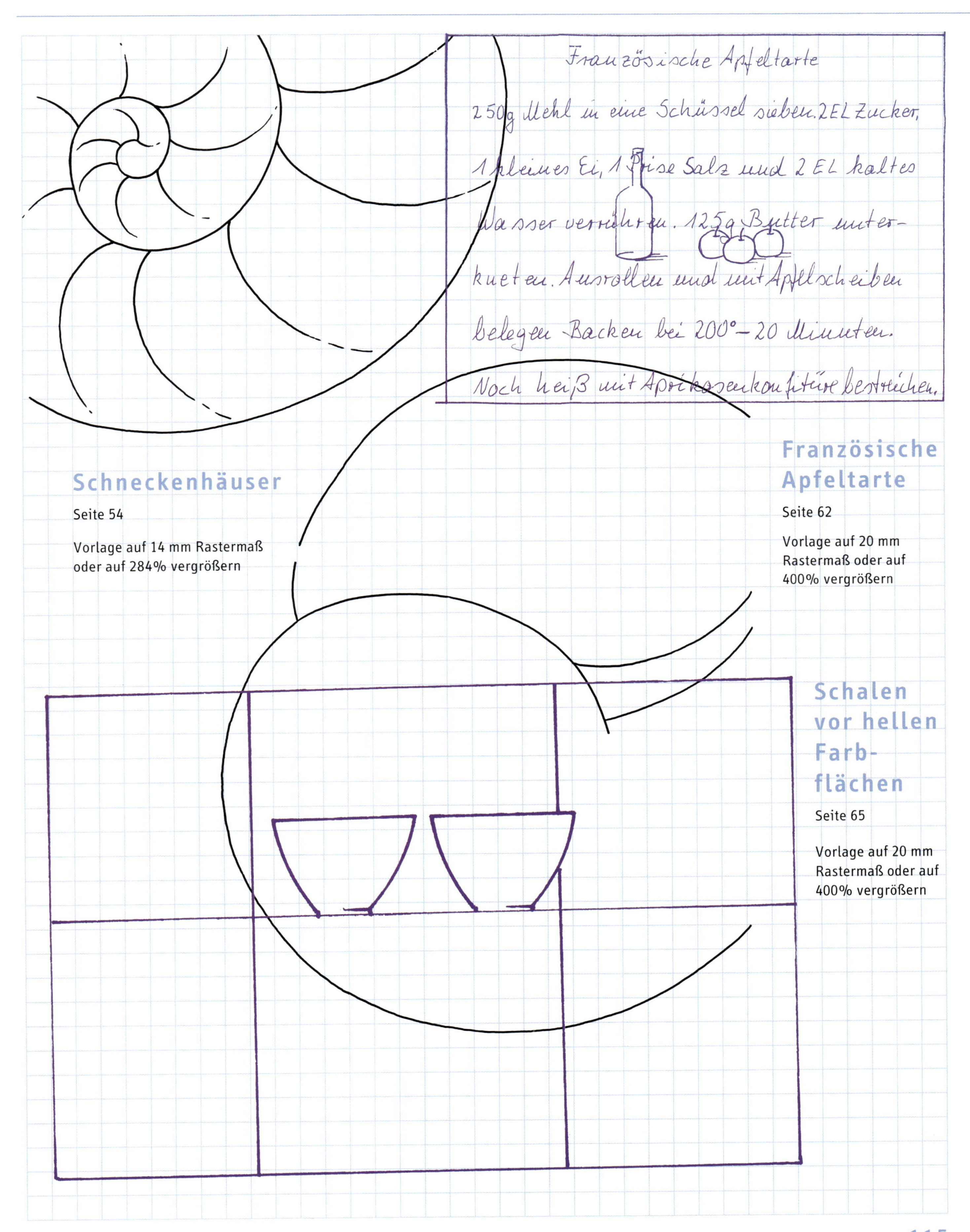

Schneckenhäuser

Seite 54

Vorlage auf 14 mm Rastermaß oder auf 284% vergrößern

Französische Apfeltarte

Seite 62

Vorlage auf 20 mm Rastermaß oder auf 400% vergrößern

Schalen vor hellen Farbflächen

Seite 65

Vorlage auf 20 mm Rastermaß oder auf 400% vergrößern

Südfrüchte

Seite 67

Vorlage auf 11 mm Rastermaß
oder auf 222% vergrößern

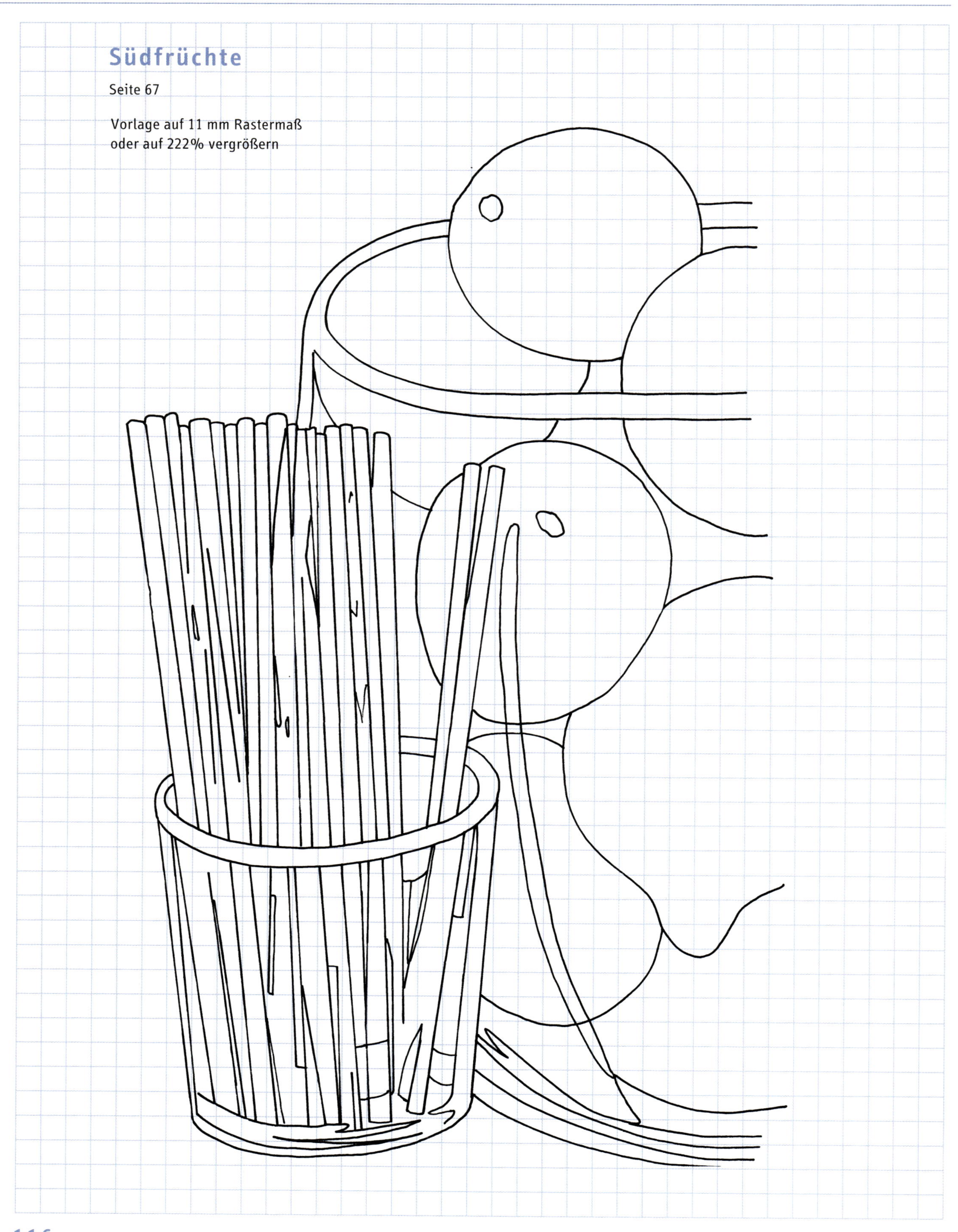

Südfrüchte

Seite 67

Vorlage auf 11 mm Rastermaß oder auf 222% vergrößern

Wasserlandschaft

Seite 91

Vorlage auf 20 mm Rastermaß oder auf 400% vergrößern

Landschaftsvorlage für linken Keilrahmen

Landschaftsvorlage für rechten Keilrahmen

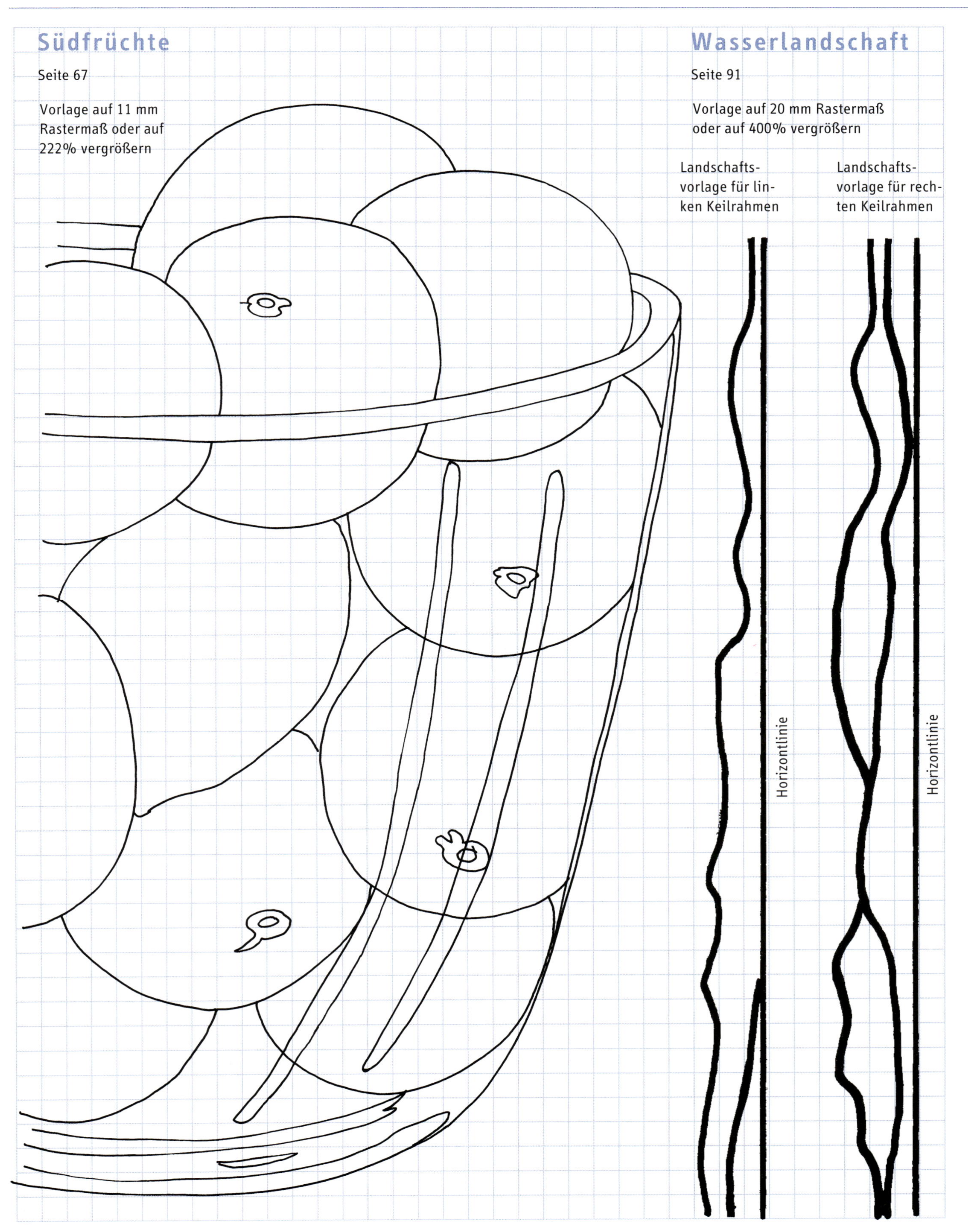

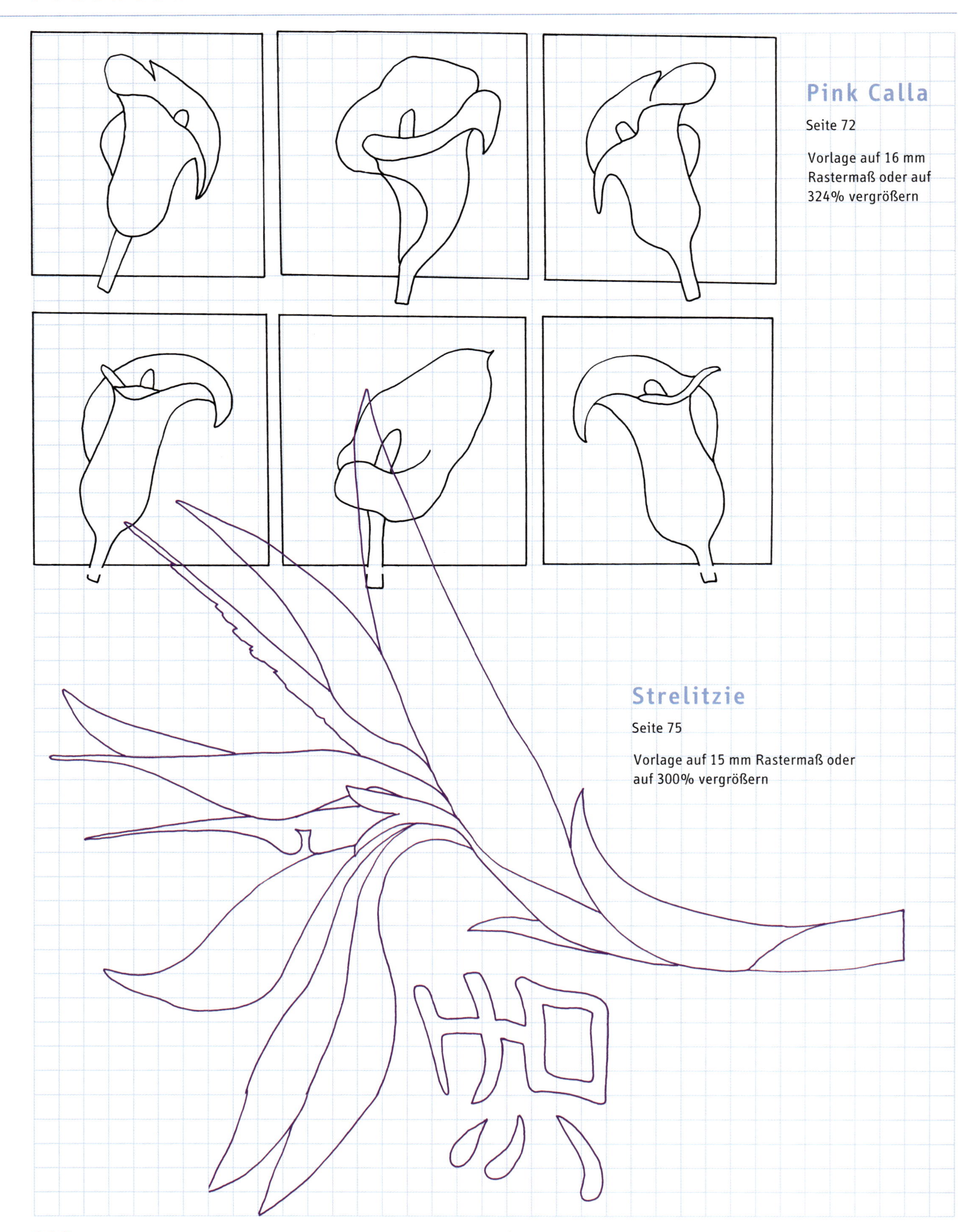

Pink Calla

Seite 72

Vorlage auf 16 mm Rastermaß oder auf 324% vergrößern

Strelitzie

Seite 75

Vorlage auf 15 mm Rastermaß oder auf 300% vergrößern

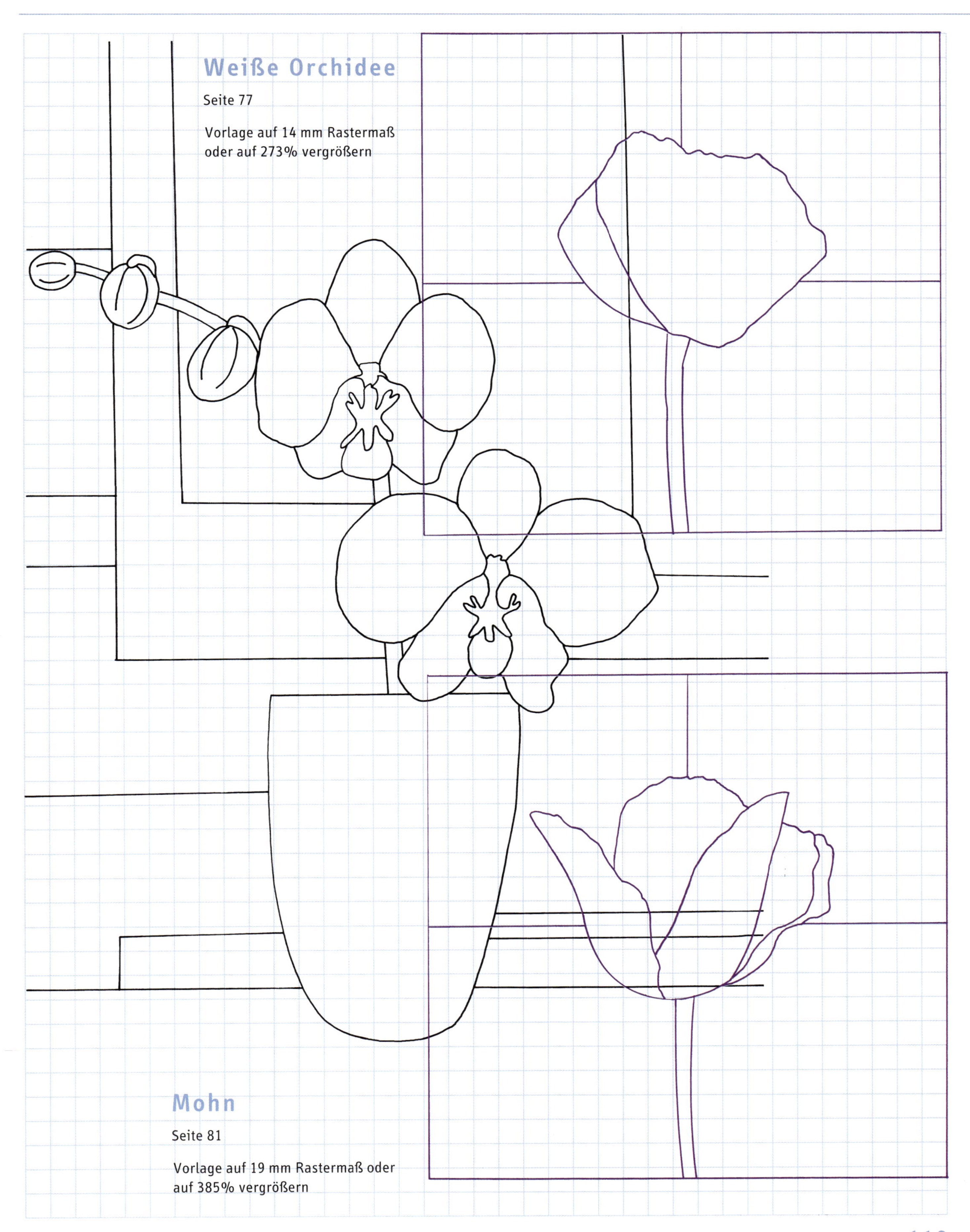

Weiße Orchidee

Seite 77

Vorlage auf 14 mm Rastermaß oder auf 273% vergrößern

Mohn

Seite 81

Vorlage auf 19 mm Rastermaß oder auf 385% vergrößern

Villa Toskana

Seite 82

Vorlage auf 14 mm Rastermaß oder auf 284% vergrößern

Blumenwiese

Seite 85

Vorlage auf 12 mm Rastermaß oder auf 247% vergrößern

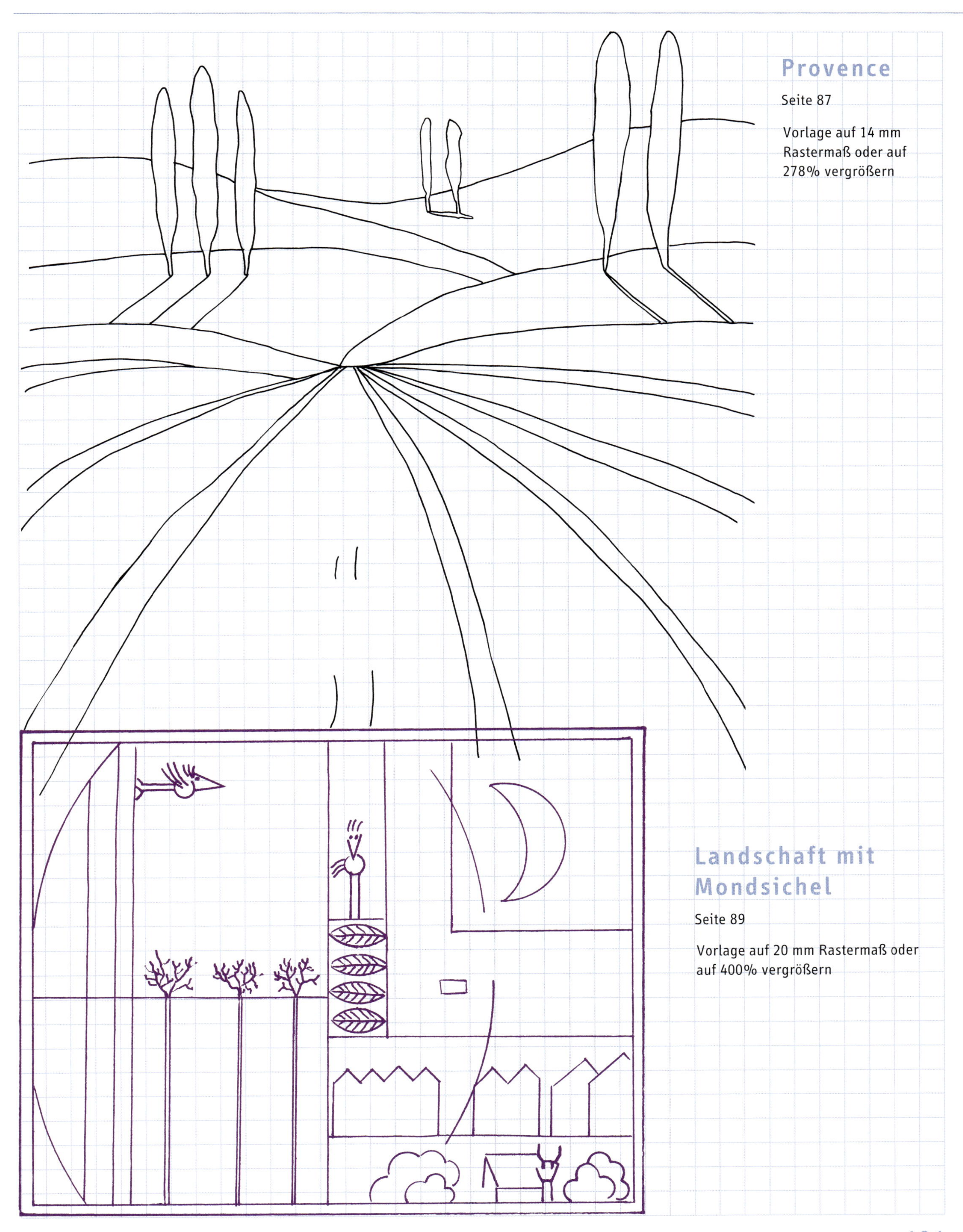

Provence

Seite 87

Vorlage auf 14 mm Rastermaß oder auf 278% vergrößern

Landschaft mit Mondsichel

Seite 89

Vorlage auf 20 mm Rastermaß oder auf 400% vergrößern

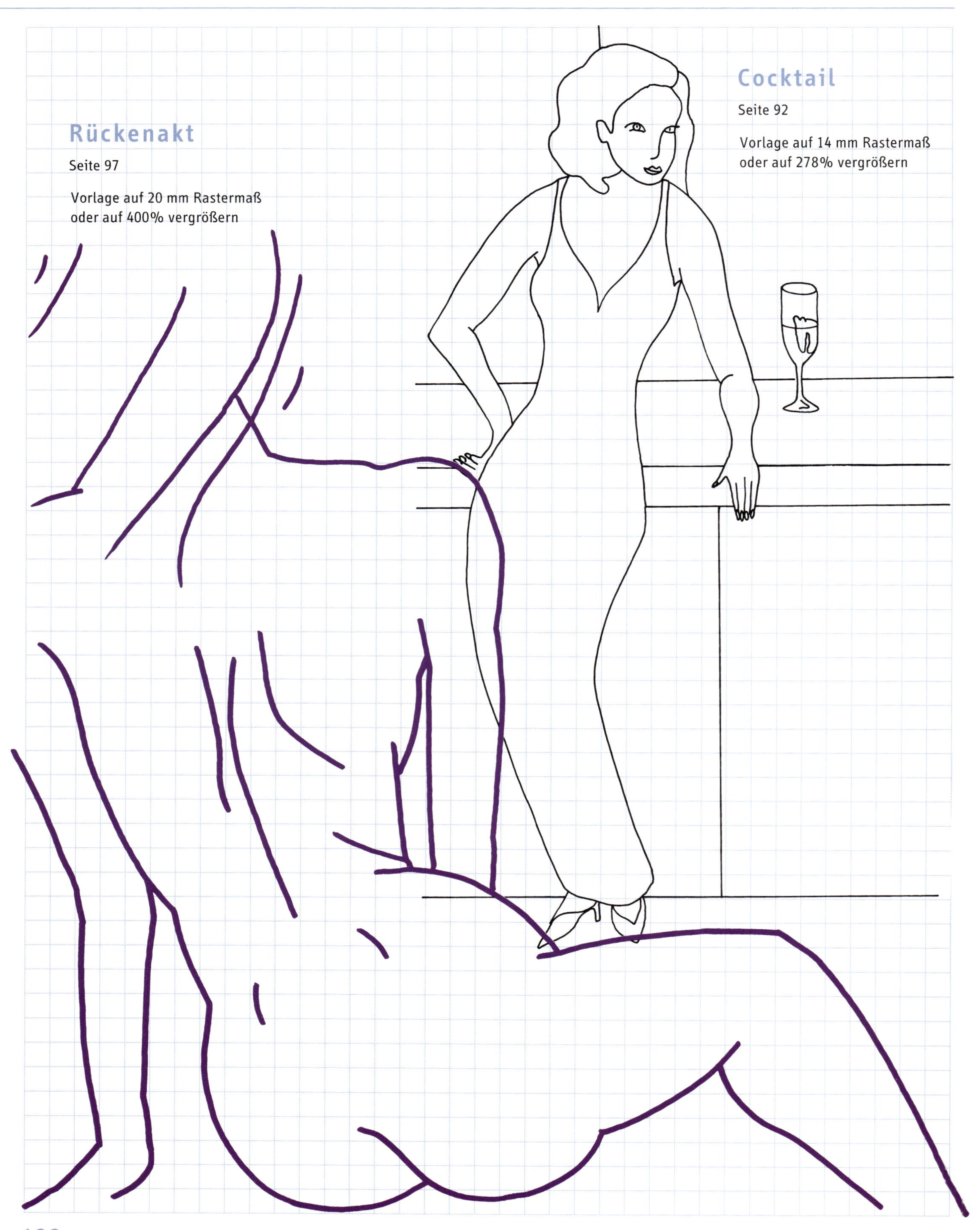

Rückenakt

Seite 97

Vorlage auf 20 mm Rastermaß
oder auf 400% vergrößern

Cocktail

Seite 92

Vorlage auf 14 mm Rastermaß
oder auf 278% vergrößern

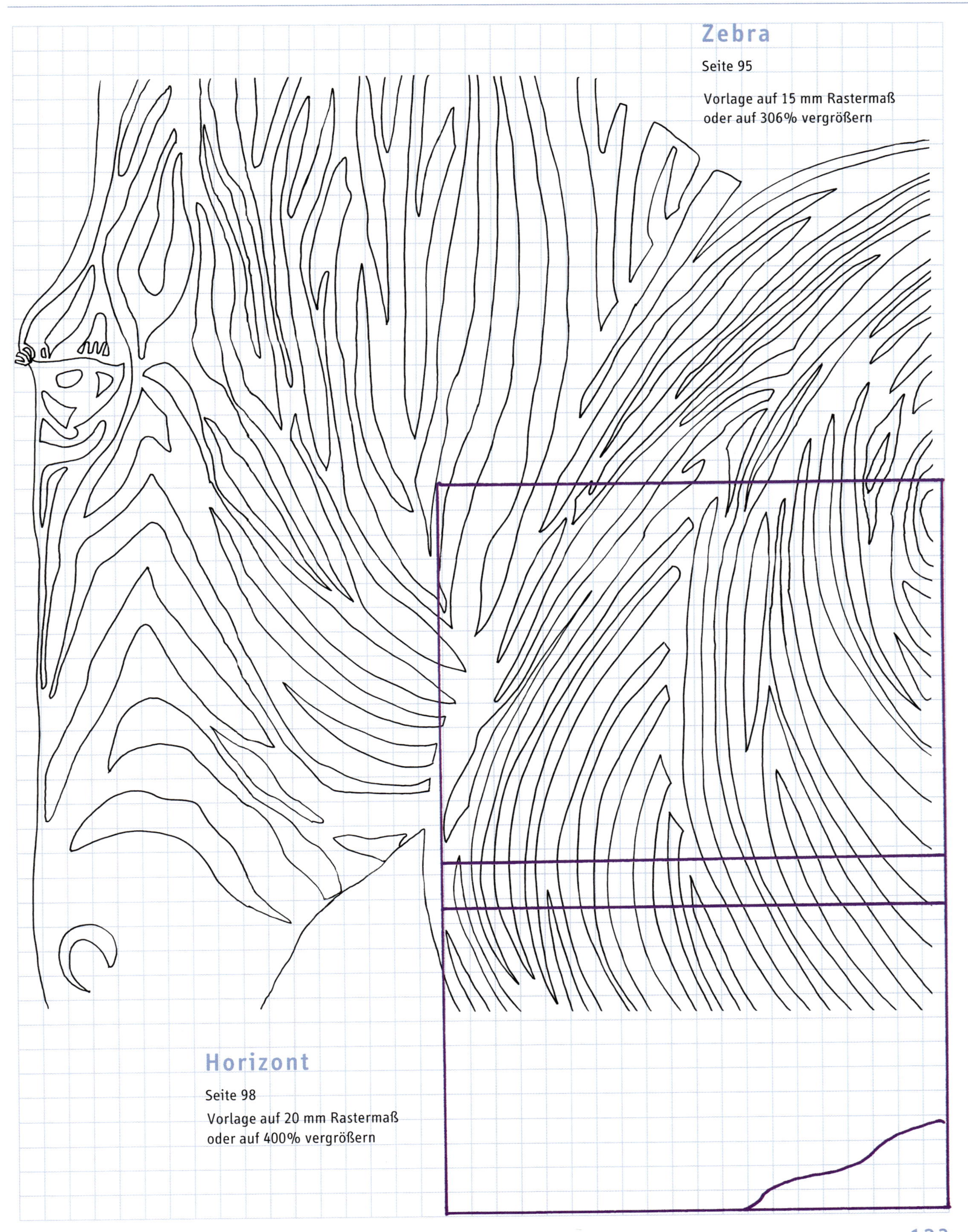

Zebra

Seite 95

Vorlage auf 15 mm Rastermaß
oder auf 306% vergrößern

Horizont

Seite 98

Vorlage auf 20 mm Rastermaß
oder auf 400% vergrößern

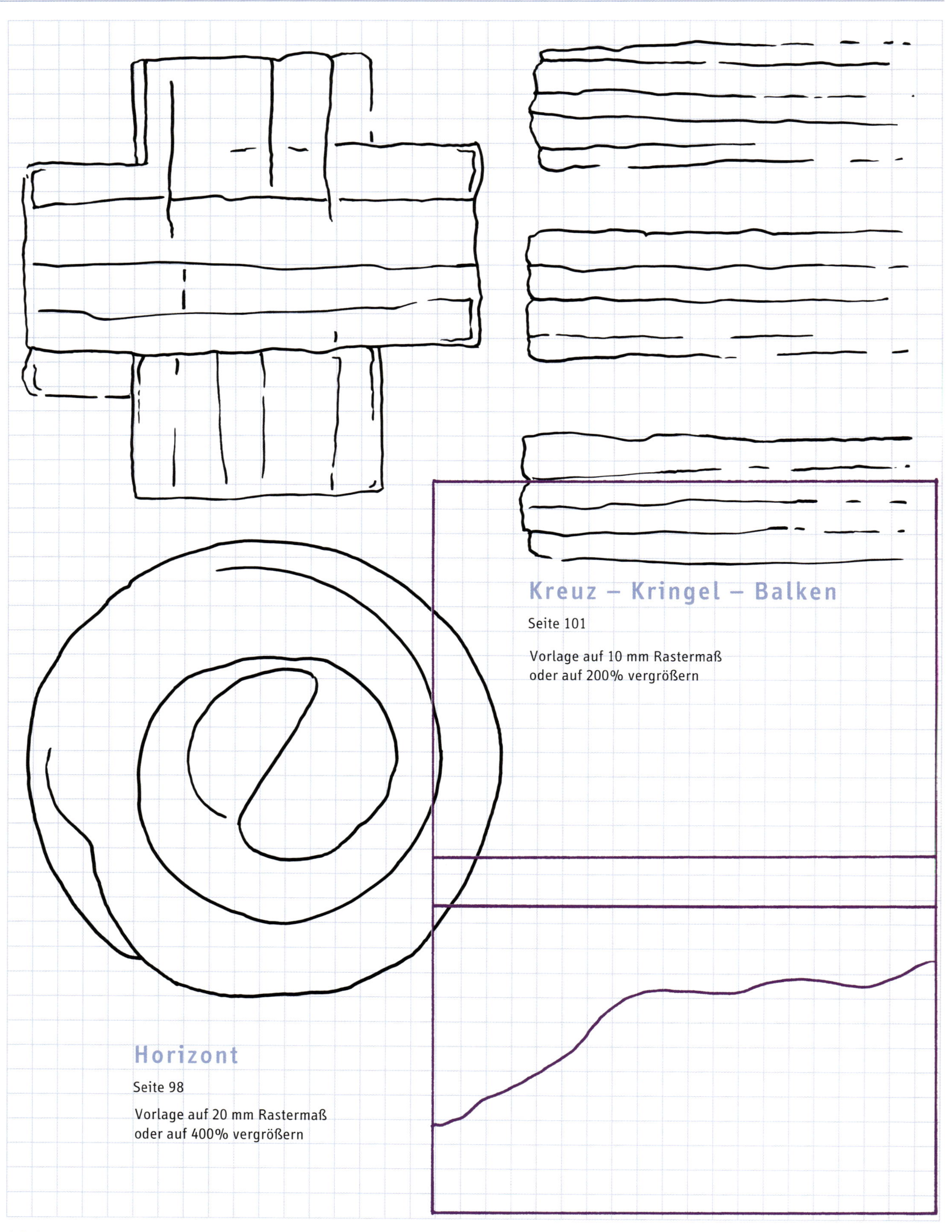

Kreuz – Kringel – Balken

Seite 101

Vorlage auf 10 mm Rastermaß
oder auf 200% vergrößern

Horizont

Seite 98

Vorlage auf 20 mm Rastermaß
oder auf 400% vergrößern

Ornamente

Seite 103

Vorlage auf 7 mm Rastermaß
oder auf 145% vergrößern

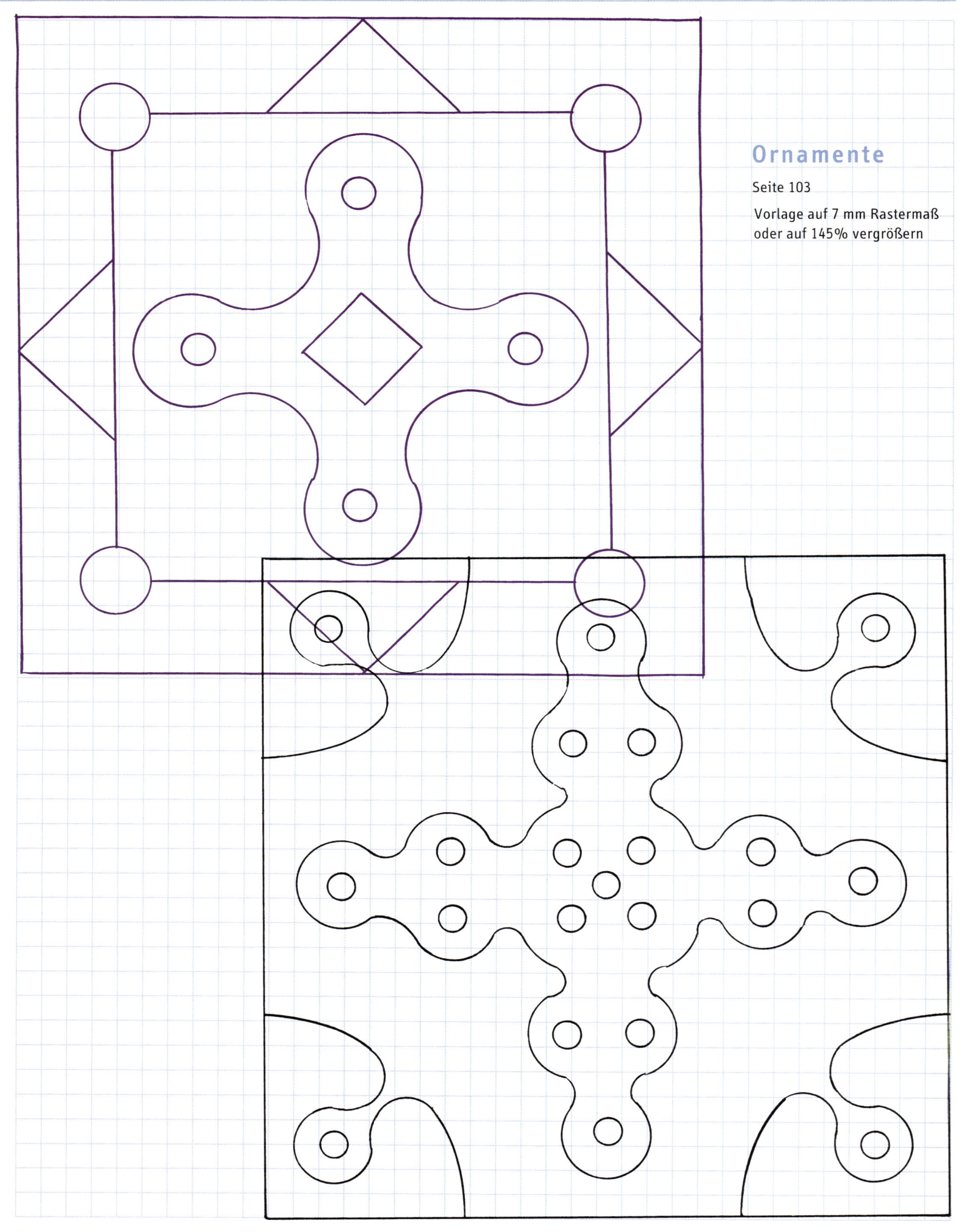

Ornamente

Seite 103

Vorlage auf 7 mm Rastermaß
oder auf 145% vergrößern

Rose

Seite 79

Vorlage auf 17 mm Rastermaß
oder auf 345% vergrößern

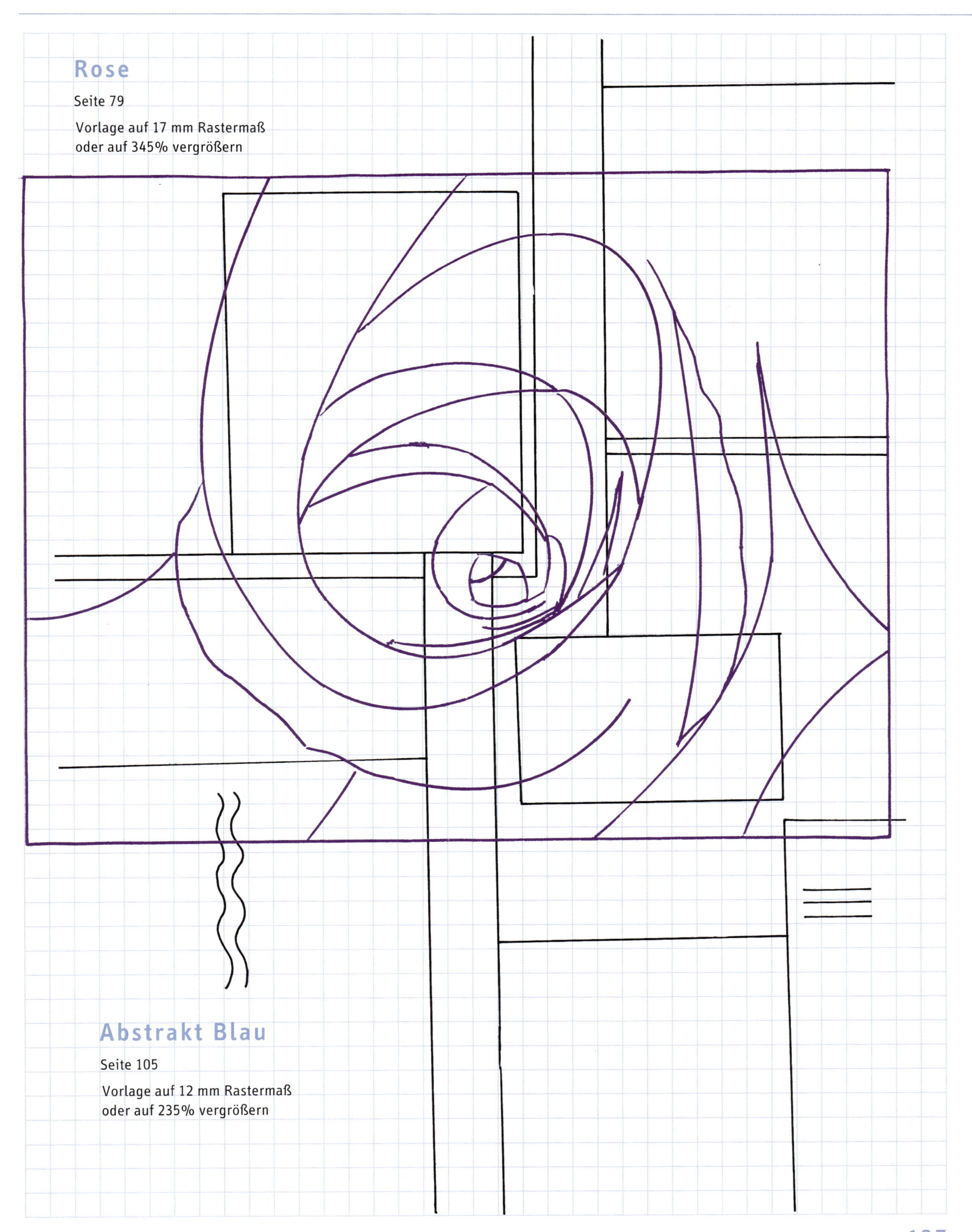

Abstrakt Blau

Seite 105

Vorlage auf 12 mm Rastermaß
oder auf 235% vergrößern

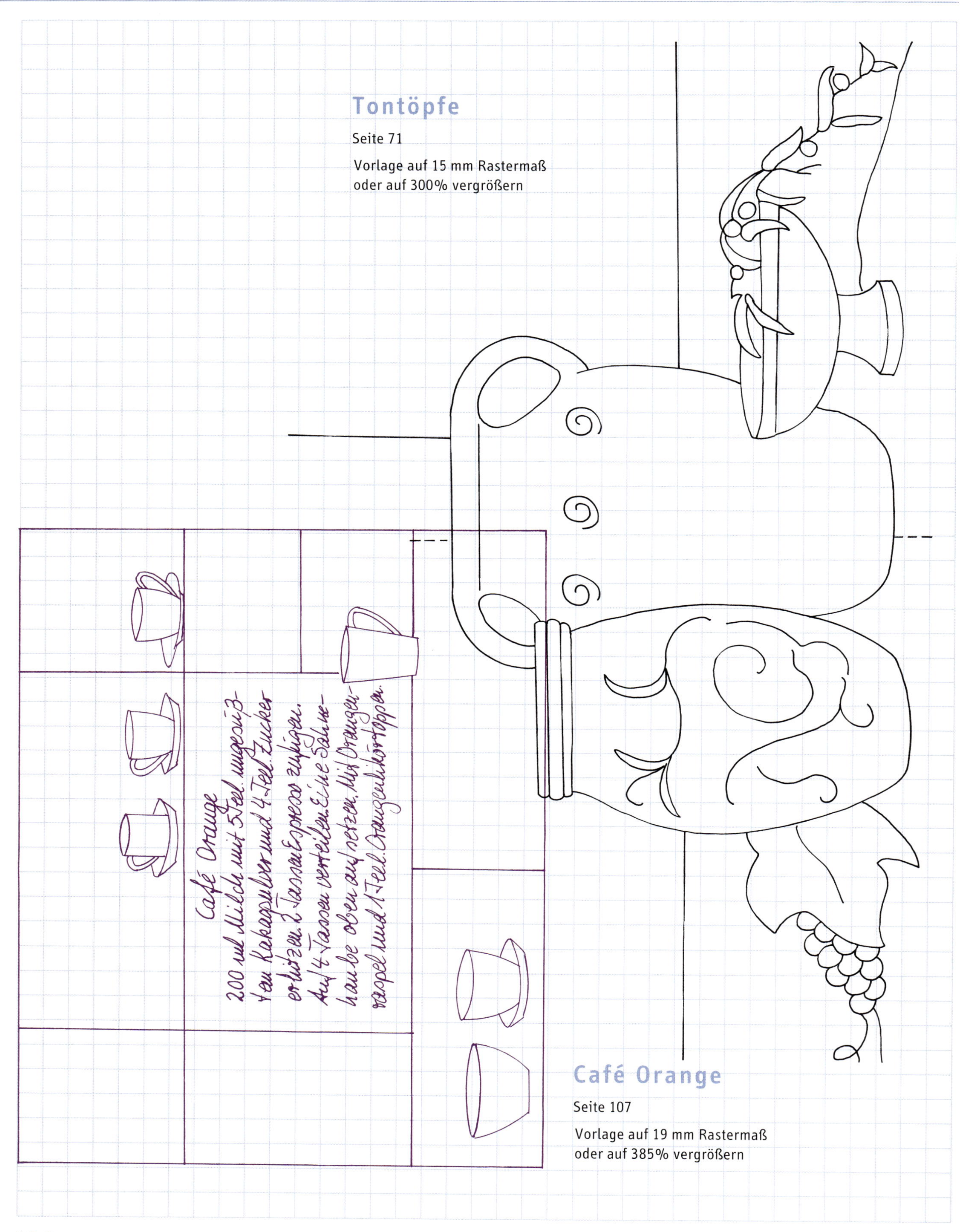

Tontöpfe

Seite 71

Vorlage auf 15 mm Rastermaß
oder auf 300% vergrößern

Café Orange

Seite 107

Vorlage auf 19 mm Rastermaß
oder auf 385% vergrößern

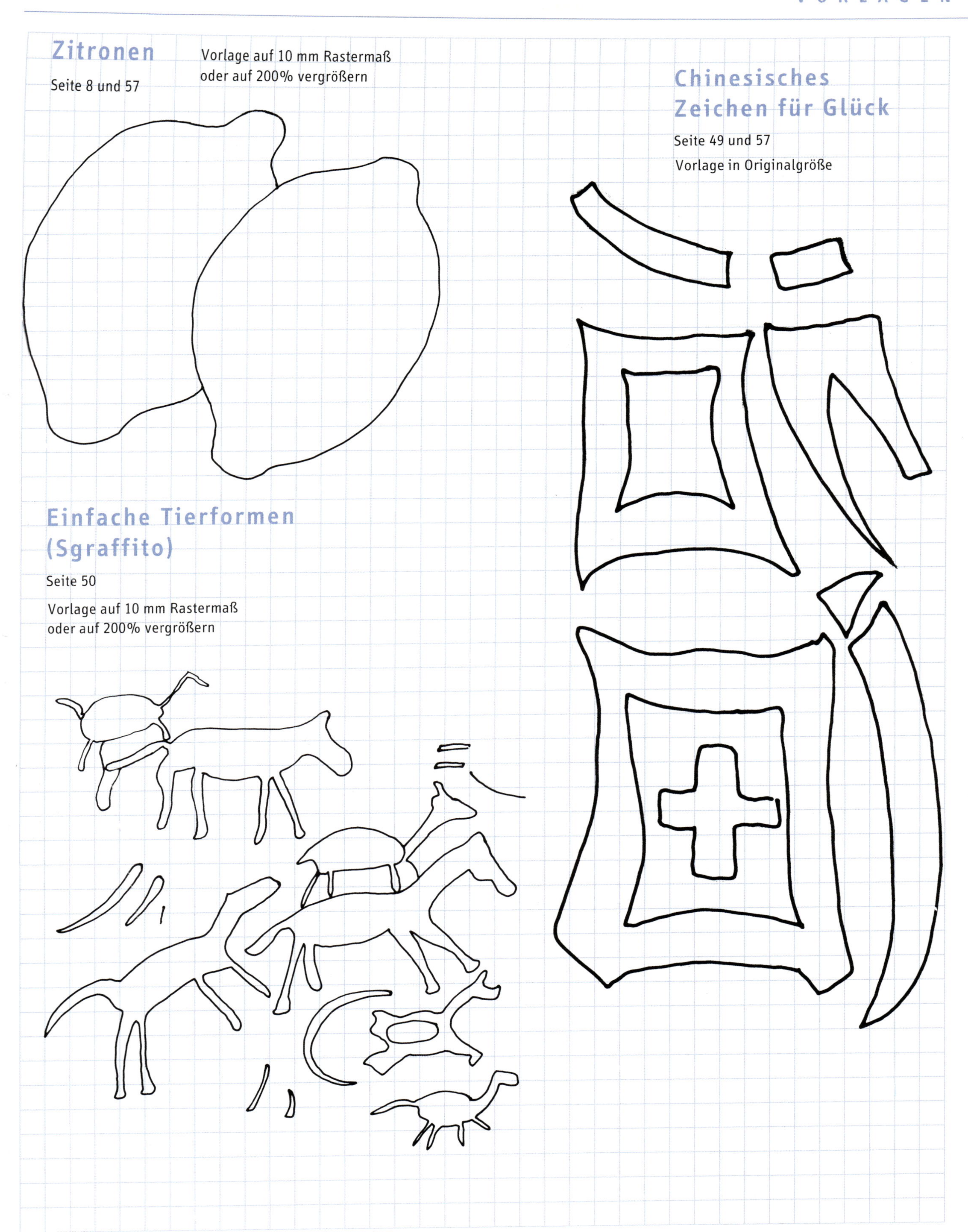

Zitronen

Seite 8 und 57

Vorlage auf 10 mm Rastermaß
oder auf 200% vergrößern

Chinesisches Zeichen für Glück

Seite 49 und 57

Vorlage in Originalgröße

Einfache Tierformen (Sgraffito)

Seite 50

Vorlage auf 10 mm Rastermaß
oder auf 200% vergrößern

Kürbis

Seite 69

Vorlage auf 20 mm Rastermaß
oder auf 400% vergrößern

Kleine Welle

Seite 11[illegible]

Vorlage auf 10 mm Rastermaß
oder auf 200% vergrößern

REGISTER

Hier finden Sie alphabetisch geordnet die wichtigsten Begriffe aus „1 x 1 kreativ Acrylmalerei". Die dahinter stehende Seitenzahl bezieht sich auf den Haupteintrag im Buch.

AUTOREN

Brigitte Pohle, Diplom-Designerin, lebt mit ihrem Mann und ihren zwei Kindern in Vlotho. Seit Beendigung ihres Studiums an der Folkwanghochschule in Essen ist sie freiberuflich tätig. 1989 eröffnete sie in Vlotho ein Fachgeschäft für Kunst und Künstlerbedarf. Zusammen mit ihrem Mann gründete sie eine Malschule für Erwachsene und Kinder, um ihr Wissen und ihre Erfahrungen an lernbegierige und experimentierfreudige Schüler weiterzugeben. 1992 erschien ihr erstes Buch im frechverlag. Seither hat sie zahlreiche weitere Bücher, insbesondere zur Acrylmalerei, veröffentlicht. Aktuelle Kurstermine und mehr erfahren Sie unter www.malzeiten.de

Monika Reiter-Zinnau, Diplom-Designerin, studierte an der Fachhochschule für Gestaltung in Schwäbisch Gmünd. Als Produktdesignerin war sie anschließend für verschiedene Firmen in freier Mitarbeit tätig. Seit 1987 arbeitet sie als Kursleiterin für unterschiedliche Institutionen der Erwachsenenbildung und vermittelt ihren Schülern alles Wissenswerte über die Aquarell- und Acrylmalerei sowie das Zeichnen. Ihre Bilder sind jedes Jahr in mehreren Ausstellungen in Galerien und Kunstkreisen zu sehen. Im frechverlag hat sie bereits drei Bücher zur Aquarellmalerei veröffentlicht. Unter www.reitermonika.de erfahren Sie aktuelle Kurs- und Ausstellungstermine.

Irmgard Schmedding, Diplom-Designerin, studierte Produktdesign an der Fachhochschule für Design in Münster. Im Studium konnte sie ihre Kenntnisse in den Techniken des Zeichnens, Fotografierens und des Modellbaus erweitern und vertiefen. Besonders die Werkstätten für Holz-, Metall-, Druck- und Textiltechnik waren für sie Orte neuer Erkenntnisse. „Ich nehme gerne Materialien in die Hand, untersuche sie auf ihre Gebrauchstüchtigkeit und versuche, sie in die Gestaltung einzubinden. Kurz gesagt: Ich experimentiere gern." Ihre Erfahrungen gibt Irmgard Schmedding in Kursen an ihre Schüler weiter.

IMPRESSUM

FOTOS: frechverlag GmbH, 70499 Stuttgart; Uli Staiger/die licht gestalten, Berlin (alle außer den im Folgenden genannten); Fotostudio Ullrich & Co., Renningen (Titel, Seite 42, 80 oben, 81, 86, 87, 91, 98, 99); Fotostudio Dylka, Emsdetten (Seite 25 unten, 38 Stepfotos, 43, 51, 52, 58)

DRUCK UND BINDUNG: Neografia, Slowakei

Modelle: Brigitte Pohle (Seite 33, 67, 71, 72, 75, 77, 82, 85, 87, 92, 95, 105), Monika Reiter-Zinnau (Seite 24, 25 oben, 32, 44, 45, 54 unten, 55 oben, 69, 97, 101, 109, 111), Irmgard Schmedding (Seite 25 unten, 54 oben, 55 unten, 62, 65, 79, 81, 89, 91, 98, 103,107)

Auflage: 5. 4. 3. 2. 1.
Jahr: 2009 2008 2007 2006 2005 [Letzte Zahlen maßgebend]

ISBN 3-7724-5028-8
Best.-Nr. 5028

Französische Apfeltarte
250g Mehl in eine Schüssel sieben, 2EL Zucker,